工业互联网

技术与实践

魏毅寅　柴旭东◎著

電子工業出版社·
Publishing House of Electronics Industry
北京·BEIJING

推荐序 ➤

李伯虎

中国工程院 院士

　　美国 GE 公司在 2012 年最早提出了工业互联网的理念。目前，它已成为许多国家制造业向智能制造转型升级的一种重要的制造模式、手段与业态。针对由制造大国向制造强国发展战略需求，我国也提出了类似的理念，如制造云和工业云等。宏观上讲，这些理念均是基于互联网，将人、产品、制造装备、数据、智能分析系统等智能地连接在一起，构成一个赛博空间与物理空间融合的智能制造系统，从而大大提高制造业的创新能力、制造能力和服务能力，实现工业的再次革命。当进一步深入分析各种工业互联网的模式、手段和业态时，将发现各自提出并实现的系统又具有各自不同的背景与特色。在本书中重点论述的由中国航天科工集团公司研制开发的制造云就是一种基于我国学者提出的智慧云制造的模式、手段和业态构成的智能制造系统。智慧云制造的内涵是基于泛在网络，借助新兴的制造科学技术、信息通信科学技术、智能科学技术及制造应用领域技术等四类技术深度融合的数字化、网络化、智能化技术手段，构成以用户为中心的统一经营的智慧制造资源与能力的服务云（网），使用户通过智慧终端及智慧云制造服务平台便能随时随地按需获取智慧制造资源与能力，对制造全系统、全生命周期活动（产业链）中的人、机、物、环境、信息进行自主智慧地感知、互联、协同、学习、分析、认知、决策、控制与执行，促使制造全系统及全生命周期活动中的人/组织、经营管理、技术/设备（三要素）及信息流、物流、资金流、知识流、服务流（五流）的集成优化，最终形成互联化、服务化、协同化、个性化（定制化）、柔性化、社会化的智慧制造新模式和"泛在互联、数据驱动、共享服务、跨界融合、自主智慧、万众创新"的新业态，进而高效、优质、节省、绿色、柔性地制造产品和服务用户，提高企业（或集团）的市场竞争能力。

中国航天科工集团公司开发的制造云——"航天云网"，是一种具有中国特色的工业互联网。它围绕提高制造企业市场竞争力的目标，以工业化与信息化融合为主线，基于中国制造业信息化工作，突出了以大国向强国迈进转型升级的需求牵引制造系统的建设，突出了以建立智慧云制造新模式、新手段、新生态为核心，突出了工业 2.0/3.0/4.0 同步发展为途径，突出了发挥"政、产、学、研、金、用"的团队力量，构建了"众智、众包、众扶、众筹"的"万众创新、大众创业"新局面，进而实现了高效、优质、节省、绿色、柔性地制造产品和服务用户，达到了提高企业市场竞争能力的目标。实践表明，"航天云网"是实施我国"中国制造2025"战略规划和"互联网+"行动计划的一个典型范例。

"航天云网"中的 INDICS 平台是我国自主研发打造的中国首个、世界首批工业互联网平台。它集产业互联网、开放创业和生产性服务业于一体，以云制造为核心业务模式，通过国内外产业要素与优质资源的高效横向整合和共享，支持构建"线上与线下相结合、制造与服务相结合、创新与创业相结合"，适应互联网经济新业态的云端生态；它通过打造面向企业的创新平台，支持构建数字化工厂和智能制造系统。

本书作者基于他们及其团队的探索与实践，较完整地论述了工业互联网的总体技术、基础技术及应用技术，研究了工业互联网、信息物理系统以及智能制造的概念以及三者间的关系，介绍了相关产业、应用生态、行业的成功案例，阐明了工业互联网在推动企业转型、行业变革与生态提升的重要意义。不容置疑，本书对深入揭示工业互联网的技术本质具有重要的意义和参考价值，它将有力地推动"中国制造 2025"战略规划的落地实施，为全球制造业转型升级发展和产业变革的实现做出积极的贡献。

我与本书的作者及他们的团队相熟多年，并一直保持密切合作。魏毅寅教授多年从事复杂大系统工程研制工作，他作为国际宇航科学院院士，拥有深厚的理论基础和独到的观点。柴旭东教授长期从事复杂产品多学科虚拟样机工程、智慧云制造等领域技术研究，有着丰富的行业工作经验。我见证和亲历了中国航天科工集团公司在工业互联网领域的开创性实践，并深为他们的严谨治学和只争朝夕的拼搏精神所感动。

我很高兴，也很激动地看到作者就工业互联网最新理论和实践以成书形式与大家分享，我期待并相信本书能够为读者更全面地了解工业互联网以及为促进工业互联网更深入的研究、应用与发展提供重要的参考和全新的体验。

李伯虎

2017 年 3 月

序 ›

　　互联网的发展深刻地改变了人类的生活方式，提高了人们沟通交流的效率。我们通过各种连接在互联网上的终端，迅速便捷地沟通着生活、工作、商务、科技的纷繁信息，发送和接收各种与我们日常活动相关联的数据，并从中取得所期望的极大便利。在人类不断追求技术进步和经济增长的进程中，互联网正在全面地覆盖经济金融、社会管理的方方面面。特别是，互联网的应用正在不断地渗透到更为复杂的工业领域，进入到产业运行过程中，成为提高生产效率、产品质量、服务品质，降低成本和改变商业模式的引擎，逐步上升为产业竞争力的重要手段和发展方向。因此，工业互联网（或者产业互联网）应时应运而生，并正在以其强大的生命力迅速发展。

　　工业互联网还处于发展的早期阶段，主要的技术基础来源于互联网和正在蓬勃发展的工业物联网。随着通信技术的快速发展和日趋成熟，新型高速网络也在移动通信技术的带动下快速更新，更好地适应着新兴的复杂需求，大量的基础设施将随着通信技术、云计算、大数据的发展而逐步形成；基于物联网的技术基础正在建立过程中，工业物联网是物联网技术发展的主要推动力之一。围绕工业技术进步而产生的专用数据中心、无线通信网络、嵌入式智能装置等制造过程的在线设施将支撑工业过程的实时性需求，构成发展工业物联网的基本条件，为工业互联网的发展构筑基础层面的技术架构，形成围绕制造过程的核心技术体系。

发展工业互联网的必要性是显而易见的。

由于工业互联网的技术必须适应并符合工业产业的发展规律，因此工业企业的技术特点、管理偏好和工业产品（包括服务产品）的应用特性将直接影响到工业互联网的技术特点，甚至工业企业的活动方式（如商业模式）对工业互联网技术亦将产生重大影响。这种影响反映在工业互联网的每个环节，尤其在系统架构上更加突出。工业互联网的架构从各种不同类型的应用视角反映了具体的技术类型和差异，从实践的角度看有必要根据行业和企业的应用特点加以区别选择，从商业模式的角度看这种区别尤为重要。

发展工业互联网是一种全球性的产业竞争，是新一轮产业革命的战略。前不久，美国 GE 公司在中国正式发布了 Predix 工业互联网平台，同时对工业互联网的战略目的做出了全面的阐述。

德国西门子公司正在推出 Mindsphere 工业互联网云平台，以其在工业自动化领域的基础和优势，为制造业企业提供基于制造过程和全生命周期管理的云服务，把数字化工厂和智能制造的理念融入工业互联网，充分体现了德国工业 4.0 的战略内涵。

2015 年 6 月，中国航天科工集团宣布 INDICS 航天云网上线运行，高红卫董事长提出把"信息互通，资源共享，能力协同，开放合作，互利共赢"作为中国工业互联网的发展理念，并致力于创造一个"创新与创业相结合、线上与线下相结合、制造与服务相结合"的新业态形式。航天云网以服务于企业的经营管理活动为主线，致力于对企业的自动化、信息化、智能化改造升级，创造跨企业的互联互通、资源共享条件，为各类企业提供在工业云协议中构建柔性的制造排产、物流分配、设计研发、委托验证的智慧制造能力，形成在技术、装备、网络基础、云计算服务等方面的共享环境。航天云网植根于企业内部的制造系统，在现场网络构建、工艺流程优化、数据采集分析、设备状态监控、终端执行控制、人机交互管理、企业资源管理等环节和层次，提供基于智能制造理念的解决方案和硬件软件支持；在系统架构上，发展了企业专有云内部控制和互联网公共云外部互联的网络结构，通过航天云网的云服务提供 IaaS、PaaS、SaaS 的工业网络云服务；在采取充分可靠的网络安全措施的前提下，构建完整、稳定、可定制服务的工业互联网环境。

2016 年 2 月 1 日，工业互联网产业联盟在北京举行成立大会。在国家工业与信息化部的指导下，工业互联网产业联盟立足于推动《中国制造 2025》和"互联网+"行动计划等国家振兴制造业的重大战略的实施，由 145 家单位联合发起，将在工业互联网架构、应用场景下的技术标准、推广行业/企业应用等方面共同协商，发挥引导和组织、协调作用。中国的工业互联网发展已经进入到形成业界共识、促进产业进步、研究应用结合、构建技术体系的重要阶段。中国航天科工集团作为我国工业互联网的先期探索实践者，已经在 INDICS 的研发中积累了技术和应用的宝贵经验，在产业联盟中作为副理事长单位发挥了十分重要的作用，参与了工业互联网体系架构的制定，并承担了系统技术标准的制定工作。先期的研究和实践正在转化成具有系统意义的共性成果。

在此之前，一些学者和业界人士对发展工业互联网的重要性、主要技术特征和趋势、产业应用的主要形式开展过大量研究工作，著有多种著作。这些著作多数以宏观分析和概要介绍为主，对产业作用分析、企业应用场景、商业模式构想、产业生态关系等进行宏观分析，较少对如何构建工业互联网的技术架构、系统实施方案、关键技术解析等进行深入的技术探讨，提供的企业实践案例多数引自国外专家学者的介绍，对于国内企业和科研机构成功案例的评述数量较少，系统性的研究更是难得见到。

然而，工业互联网时代才刚刚开启，无论是在技术还是产业应用方面，都有巨大的发展空间，研究和应用工业互联网的企业或机构可以在现有的网络、计算、通信、制造信息化等方面发挥创造力，丰富其中的技术内涵和应用模式，为新的互联网时代的工业进步探索更有效率的发展途径。当然，工业互联网不仅仅是简单的对互联网的应用，工业技术与产业在互联网的环境中还可以建立更加具有革命性的体系，借助为发展互联网、移动通信、云计算而建立的全社会的基础设施资源，把工业体系与相关联的渠道和系统联系起来，构建一个可以相互融合、互为作用、相互服务的高效网络，为工业产品制造、应用运行、全生命周期状态等过程提供更加丰富的数据，为全方位的系统优化提供依据，并为在线服务创造技术条件。工业互联网对工业领域自身的革命性影响也必将是深远的，以制造业为例，正在酝酿和发展的基于网络和数据的智能制造正在深刻地影响着制造技术和制造过程的组织模式，正在从解放生产力中获得更加高效和低成本的制造能力。

因此，对工业互联网开展持续的深入研究是十分必要的，需要企业界、科研机构和相关领域的有识之士积极参与。为了能够与致力于工业互联网发展的各界人士分享我们在研究和应用中的体会，提供技术交流和发展模式探讨的渠道，在此我们就工业互联网的发展方向、系统架构、关键技术、典型案例等方面进行整理、研究，并试图编成以技术应用为特色的文件资料。

由于作者的研究实践受应用领域的局限，在研究的水平、广度和深度上还很不够，其中的错误和不足之处在所难免，欢迎读者批评指正。

作者

2017 年 3 月

目　录

CONTENTS

第三章 ➤ **工业互联网基础技术**

第四章 ➤ **工业互联网应用技术**

第一章

概　述

工业互联网的发展与影响

工业互联网的内涵与特征

工业互联网发展现状

　　工业互联网技术与实践是全球范围内正在进行的人与机器、机器与机器连接的新一轮技术革命。工业互联网技术在美、德、中三大主要制造业国家依据各自产业技术优势沿着不同的演进路径迅速扩散。工业互联网实践则以全面互（物）联与定制化为共性特点形成制造范式，深刻影响着研发、生产和服务等各个环节。工业互联网的内涵日渐丰富，传感器互联（物联）与综合集成、虚拟化技术、大规模海量数据挖掘预测等信息技术应用呈现出更为多样的工业系统智能化特征。基于工业互联网的商业与管理创新所集聚形成的产业生态将构建新型的生产组织方式，也将改变产品的技术品质和生产效率，进而从根本上颠覆制造业的发展模式和进程。

1.1　工业互联网的发展与影响

1.1.1　工业互联网的诞生

　　2012 年以来，美国政府将重塑先进制造业核心竞争力上升为国家战略。美国政府、企业及相关组织发布了《先进制造业国家战略计划》、《高端制造业合作伙伴计划》（Advanced Manufacturing Partnership，AMP）等一系列纲领性政策文件，旨在推动建立本土创新机构网络，借助新型信息技术和自动化技术，促进及增强本国企业研发活动和制造技术方面的创新与升级。在此背景下，深耕美国高端制造业多年的美国通用电气公司（General Electric Company，GE）提出了"工业互联网"的新概念。GE 公司将工业互联网视为物联网之上的全球性行业开放式应用，是优化工业设施和机器的运行和维护，提升资产运营绩效、实现降低成本目标的重要资产。[1]

透过技术看本质，工业互联网不仅连接人、数据、智能资产和设备，而且融合了远程控制和大数据分析等模型算法，同时建立针对传统工业设备制造业提供增值服务的完整体系，有着应用工业大数据改善运营成本、运营回报等清晰的业务逻辑。应用工业互联网的企业，正在开始新一轮的工业革命。[2, 3]纵观装备制造行业，建立工业知识储备和软件分析能力已经成为核心技术路径，提供分析和预测服务获得新业务市场则是战略转型的新模式。

1.1.2 工业互联网的发展

工业互联网源自 GE 航空发动机预测性维护模式。在美国政府及企业的推动下，GE 为航空、医疗、生物制药、半导体芯片、材料等先进制造领域演绎了提高制造业效率、资产和运营优化的各种典型范例。其中的基础支撑和动力，正是 GE 整合 AT&T、思科、IBM、英特尔等信息龙头企业资源，联手组建了带有鲜明"跨界融合"特色的工业互联网联盟，随后吸引了全球制造、通信、软件等行业 159 家骨干企业加入。这些企业资源覆盖了电信服务、通信设备、工业制造、数据分析和芯片技术领域的产品和服务。

工业互联网联盟利用新一代信息通信技术的通用标准激活传统工业过程，突破了 GE 一家公司的业务局限，内涵拓宽至整个工业领域。

GE 已经推出了 24 种工业互联网解决方案，包括石油、天然气平台的监控和医疗等。该方案目前已上升到美国的国家战略层面，美国国家标准与技术研究院牵头组织产业界制定工业互联网的标准架构。

2013 年 4 月，德国在汉诺威工业博览会上发布《实施"工业 4.0"战略建议书》，正式将工业 4.0 作为强化国家优势的战略选择。作为支撑《德国 2020 高科技战略》实施的组织保障，由德国政府统一支持、西门子公司牵头成立协同创新体系，并由德国电气电子和信息技术协会发布了工业 4.0 标准化路线图。德国在传统制造业方面优势明显，包括控制系统、设备制造以及嵌入式控制设备制造等领域，而在信息技术方面对比美国并不突出。许多德国企业在全球享有较高的知名度。例如西门子、奔驰、宝马以及博世等大型企业，因具有领先的技术和研发能力而广为人知；此外每个行业中都存在一些优秀的中小型企业，拥有独特的技术和优秀人才。

2015 年，中国政府工作报告提出"互联网+"和《中国制造 2025》战略，进一步丰富了工业互联网的概念。工信部在对《中国制造 2025》战略实施的阐述中指出，工业互联网是新一轮工业革命和产业变革的重点发展行业，其应用及发展可以从智能制造以及将互联网引入企业、行业中这两个方面切入，最终达到融合发展。

作为当今世界上制造业三大主体的中、美、德，几乎在相同时间提出的三大战略，无论在具体做法和关注点上有何区别，其整体目标是一致的，都是在平台上将人、机器、设备信息进行有效的结合，并且通过工业生产力和信息生产力的融合，最终创造新的生产力，推进工业革命发展进程。工业互联网和工业 4.0 平台互联互补、相互增强。工业 4.0 重在构造面向下一代制造价值链的详细模型；工业互联网重在工业物联网中的跨领域与互操作性。它们的终极目标都是要增强互联网经济时代企业、行业乃至国家的竞争力。

中国的工业互联网与中国经济社会发展现状结合，呈现出自身特有的战略重点。我国的"工业互联网"就是"互联网"+"工业"，其内涵不仅包含利用工业设施物联网和大数据实现生产环节的数字化、网络化和智能化（德国工业 4.0 描述的智能工厂），还包括利用互联网信息技术与工业融合创新，搭建网络云平台，构筑产业生态圈，实现产品的个性化定制。因此，我国的工业互联网内涵更为丰富，通过重塑生产过程和价值体系，推动制造业的服务化发展。

1.1.3 工业互联网的影响

工业互联网利用新一代信息技术，满足制造业发展亟须提升效率、优化资产和运营的迫切需求，促进全产业链、全价值链的资源整合与优化，形成新型业务模式，改变工业的生产模式，为产品设计、制造、管理等方面提供关键的数据辅助服务。

例如，通过工业互联网，企业可以更好地了解到用户的使用习惯以及产品偏好等，帮助企业更好地了解用户需求，不仅有利于企业对产品进行设计改型，而且企业还能根据用户的兴趣和喜好推送相关产品和服务，实现精准营销。

工业互联网的影响将渗透到制造业的各维度，概括起来有交互智能化、产品个性化、制造服务化、组织分散化、网络生态化五个方面。[4]

（1）交互智能化。

信息智能化交互技术，将成为未来工业互联网发展的重要模式。智能交互带来产品和制造过程的智能化变革。智能平台以数据为核心，采用数据流、软件、硬件不同层级的智能交互技术。在设备层，应用智能设备和网络采集数据，并将分析后的反馈数据存储于设备中。在软件层采用大数据分析技术，开展海量数据挖掘，将生产过程数据进行可视化处理和决策判断。企业可通过建设专用数据中心，形成对生产过程管理软件的数据支持，达到对底层设备资源的优化使用；产业体系可基于数据分析与趋势预测，为产业发展规划提供实时的决策依据。在人、数据、设备和软件之间，采用智能协同技术，跨时空整合不同专业背景的人员，让更多利益相关人参与到生产与管理过程中。智能化交互产品基于软件控制、嵌入式硬件技术，可实现对产品功能开启、关闭、操作过程的智能化、远程化管控。

（2）产品个性化。

工业互联网时代，用户对产品的需求呈现出多样化的特征，并且在不断地发展变化，这使得创新的作用主要体现在客户共创和快速迭代两个方面。

通过采集工业系统的设备和装备信息，企业可以分析产品的运行状况、客户的使用习惯以及故障出现的频次和地点等，通过深入分析数据，企业能够从中了解和掌握客户的潜在需求，有助于企业对产品的设计改型。在互联网时代，与客户共创的重点领域是大数据和智能控制。客户共创和客户使用的结果是智能设备本身的升级和进一步的功能提升，这同时也依赖于企业对整个过程的深入了解。

在工业互联网时代，初创企业更看重快速迭代，然而，大企业却要避免自身创新力不足的问题。例如，大企业在看准一个市场机会后，经过一段调研、论证、研发和推出的漫长周期，最后却可能与市场机会失之交臂。

快速迭代的概念其实来源于莱斯所著的《精益创业》，该书中表明了新产品开发理念其实与软件企业开发产品的方式大同小异，都是将一个基本的功能推向市场，然后基于用户的使用反馈不断对产品进行更新迭代。

过去，成熟的家电企业制造一台冰箱的过程周期长达 3～5 年，前期要先经过用户需求的调研、需求报告的编写，研发部门开发产品，最后推向市场。通过精益创业的方法快速迭代，不仅可以将整个周期缩短至 6 个月，而且更能精确找准客户的定位，掌握客户的需求。

（3）制造服务化。

由于市场上竞争愈发激烈和同质化的出现，客户的需求已经不能仅仅靠产品本身来满足，更重要的是通过产品的最终价值来吸引客户。工业互联网和软件技术的介入，可以形成原有产品的增值服务价值，在工业产品制造过程的全生命周期中，帮助客户在他们创造价值的全过程进行优化，并创造新的商业价值。因此，企业创造竞争优势和差异化的价值主张具有多重选择主要是由于交付结果的复杂性和多样性。最终，企业的赢利模式将不再是依靠设备和产品，而是服务，企业出售的产品和设备也将被服务所替代。

所有工业互联网产品的设计，开始可能是软件加设备和硬件的组合，而最终将归结到以服务的方式交付出去。产品和软件的服务交付，是未来的大势所趋，任何一个企业在设计和思考工业互联网新型商业模式的时候，必须将服务创新纳入其中。

（4）组织分散化。

在工业互联网时代，带有强烈的分散化和个体化行动特征的创客方式兴起，使传统工作和协同的方式发生了革命性变化。生产方式由大规模集中生产转向分布式生产，中小企业获得广阔的发展空间，个体制造正在借助互联网崛起。工业互联网积累了以往无法匹敌的产业供应链，开源硬件正在逐步形成，在质量控制和成本把控上也积累了很多经验。

（5）网络生态化。

工业互联网通过系统结构的搭建和资源的汇聚，形成面向不同行业的产业整合、面向不同企业的产业链整合、跨越时空地域的产业布局、跨越行业的融合创新，最终实现社会资源的高效利用。网络生态系统的发展更依赖于雄厚的设计和开发资源，这些资源以适合的生态结构，分布在互联网上。未来这些资源分布在行业云端，就可以为其他设计者共享，设计者可以根据不同的产品、开源的模型对其进行改造然后创造新的产品。

在工业互联网构筑的生态圈中，客户可以利用平台网络与工厂直接相连，生产出拥有自己个性化色彩的产品。定制产品具有的小型客户可以带来更高的利润，而竞争程度也随之减弱，这个市场就是长尾市场。创客式的生产方式，正在解构原有的生产体系，客户的需求可以得到高效的匹配。

1.2 工业互联网的内涵与特征

1.2.1 工业互联网的内涵

工业互联网的准确定义众说纷纭，本书试图从多个层面剖析和探讨工业互联网的内涵。正如从字面的理解一样，工业互联网的内涵核心在于"工业"和"互联网"。"工业"是基本对象，是指通过工业互联网实现互联互通与共享协同的工业全生命周期活动中所涉及的各类人/机/物/信息/数据资源与工业能力；"互联网"是关键手段，是综合利用物联网、信息通信、云计算、大数据等互联网相关技术推动各类工业资源与能力的开放接入，进而支撑由此而衍生的新型制造模式与产业生态。

更进一步地，正如笔者主要参与并发布的《工业互联网体系架构（版本 1.0）》[5]所描述的一样，可以从构成要素、核心技术和产业应用三个层面去认识它的内涵。

第一，从构成要素角度看，工业互联网是机器、数据和人的融合。工业生产中，各种机器、设备组和设施通过传感器、嵌入式控制器和应用系统与网络连接，构建形成基于"云—网—端"的新型复杂体系架构。随着生产的推进，数据在体系架构内源源不断地产生和流动，通过采集、传输和分析处理，实现向信息资产的转换和商业化应用。人既包括企业内部的技术工人、领导者和远程协同的研究人员等，也包括企业之外的消费者，人员彼此间建立网络连接并频繁交互，完成设计、操作、维护以及高质量的服务。

第二，从核心技术角度看，贯彻工业互联网始终的是大数据。从原始的杂乱无章到最有价值的决策信息，经历了产生、收集、传输、分析、整合、管理、决策等阶段，需要集成应用各类技术和各类软硬件，完成感知识别、远近距离通信、数据挖掘、分布式处理、智能算法、系统集成、平台应用等连续性任务。简而言之，工业互联网技术是实现数据价值的技术集成。

第三，从产业应用角度看，工业互联网构建了庞大复杂的网络制造生态系统，为企业提供了全面的感知、移动的应用、云端的资源和大数据分析，实现各类制造要素和资源的信息交互和数据集成，释放数据价值。这有效驱动了企业在技术研发、开发制造、组织管理、生产经营等方面开展全向度创新，实现产业间的融合与产业生态的协同发展。这个生态系统为企业发展智能制造构筑了先进的组织形态，为社会化大协作生产搭建了深度互联的信息网络，为其他行业智慧应用提供了可以支撑多类信息服务的基础平台。

1.2.2 工业互联网的特征

1.2.2.1 基于互联互通的综合集成

工业互联网的**第一个特征**是基于互联互通的综合集成。

互联互通包括人与人（比如消费者与设计师）、人与设备（比如移动互联操控)、设备与设备(资源共享)、设备与产品(智能制造)、产品与用户(动态跟踪需求)、用户与厂家(定制服务)、用户与用户(信息共享)、厂家与厂家(制造能力协同),以及虚拟与现实(线上线下)的互联等,简单说就是把传统资源变成"数字化"资源。在此基础上通过传统的纵向集成、现代的横向集成,以及互联网特色的端到端的集成等方式实现综合集成,打破资源壁垒,使这些"数字化"的资源高效地流动运转起来。[6]

对于制造业而言,上述过程的实现需要基于"数字化"资源构建一个复杂的研发链、生产链、供应链、服务链,以及保证这些链条顺畅运转的社会化网络大平台。[7]

波音787有600多万个零部件,由几百个一级供应商负责研发和制造,一级供应商又按照统一规则分别管理各自的供应商,涉及全球千万以上的供应商。这些供应商旗下的6000多名物流管理工程师24小时不间断地运转、管理着整个供应链,若干套类似的专业性工程师队伍在一个统一的信息平台上协同工作,最终成就了波音787飞机。[8]

1.2.2.2 海量工业数据的挖掘与运用

工业互联网的**第二个特征**是海量工业数据的挖掘与运用。

工业互联网时代,企业的竞争力已经不再是单纯的设备技术和应用技术。通过传感器收集数据,进而将经过分析后的数据反馈到原有的设备并进行更好的管理,甚至创造新的商业模式,将成为企业新的核心能力。例如,特斯拉公司就是基于软件和传感器、利用数据分析技术改造原有电池技术的移动互联网公司。

目前,传统企业既要从原有的运营效率中挖掘潜力,更重要的是要站在数据分析和整合的更高层面去创造新的商业模式。跨界的竞争对手有可能携数据分析和大数据应用的利器颠覆原有的产业格局。数据资产的重要程度不仅不亚于原有的设备和生产资料为基础的资产,其作用和意义更具有战略性，以数据资产和大数据为基础的业务会成为每一个工业互联网企业的核心。[9]

1.2.2.3　商业模式和管理的广义创新

工业互联网的**第三个特征**是广义的创新，即商业模式和管理的创新。

传统企业的企业家们最关注的是财务绩效或投资收益率，怎样使得工业互联网技术在短期内为企业产生直接可量化的效益，是他们采用这种新技术的主要动力，也是让更多人接受工业互联网必须实施的关键步骤。在此基础上，企业会逐步考虑用工业互联网技术来重塑原有的商业模式，甚至进一步创造新的商业模式，来颠覆原有的市场格局。[10]这种情况使得更多通过跨界的方式进入到原有行业的颠覆者出现。举例来说，无人驾驶汽车的出现，以及和电动车结合出现的新的模式创新，有可能会使汽车行业最终演变成一个彻底的服务行业，而非如今的制造业。商业模式的创新有其自身的演进路径，除了赋予产品新的功能、创造新的模式之外，在整个价值链上也会产生巨大的裂变，甚至产生平台级、系统级的颠覆。

1.2.2.4　制造业态更新和新生态形成

工业互联网的**第四个特征**是支撑制造业态更新和新生态形成。

当前互联网已经不是一个行业，而是一个时代，"互联网+一切"（All in Internet），或者"一切+互联网"（All on Internet）是时代大潮，谁也逃不掉。各种因素的综合作用，使业态的更新成为必然，使新生态的形成成为可能。互联网技术对于资源"数字藩篱"的破除，使得共享经济新生态逐渐形成。对于制造业企业而言，以生产性服务业、科技服务业等为典型的制造业服务化已经成为业态更新的重要方向。越来越多的制造企业已经从传统的制造"产品"转型为提供"产品+服务"，如沈阳机床的 i5 云制造系统，将传统机床产品销售转型为基于工业互联网的按时租用机床加工服务的全新业态，并进一步吸引生产线物流服务商、机床维修服务提供商等生态伙伴，形成更有活力的生产性服务生态。

1.3 工业互联网发展现状

1.3.1 主要国家工业互联网发展现状

当前，工业互联网已经引起了美国、德国、中国等制造业大国在国家战略层面的高度重视。各国普遍以产业联盟方式快速推动本国工业互联网技术、标准与产业生态的发展。以美国工业互联网联盟、德国工业 4.0 平台、中国工业互联网产业联盟等为代表的产业联盟组织在工业互联网方面迅速推进。主要进展情况如下。

1.3.1.1 美国工业互联网联盟（IIC）

GE 公司联合另外四家 IT 巨头组建了工业互联网联盟（Industrial Internet Consortium，IIC），将这一概念大力推广开来。IIC 成立于 2014 年 3 月，由 GE 联合 AT&T、思科、IBM 和英特尔发起。IIC 致力于构建涵盖工业界、信息与通信技术（Information and Communications Technology，ICT）界和其他相关方的产业生态，推动传感、连接、大数据分析等在工业领域的深度应用，协同其他机构尤其是标准组织解决标准规范等问题。截至 2015 年底，IIC 已经发展了 200 多名成员，成员分布于 29 个国家和地区。

美国 IIC 以参考架构、测试床、应用案例为工作抓手，从企业案例阶段向产业推广阶段快速推进，强化工业互联网在大型工业企业中开展广泛应用，同时建立面向行业的测试床，以此为基础向全球范围开展产业辐射与标准推广。

（1）整体实施方面。在国家工业制造战略框架下，由美国国家标准与技术研究院（NIST）牵头，产业界参与，共同制定以数据共通为核心的标准，构建包括机器、产品、系统与人在内的工业互联体系，实现美国先进制造战略。

（2）资金支持方面。2013 年开展"先进制造技术支撑专项"（AMTech），先后投入 900 万美元支撑了 19 个标准化项目的研发推进。以 2014—2015 年 3 月支撑美国国家国防制造与加工中心（NCDMM）的项目为例，其内容是建立开放式的机器互操作标准，简化机器、装置和软件应用的接口。

（3）具体推进组织方面。以美国 IIC 为代表的工业互联网产业联盟代表整合主要企业的需求，围绕产业发展展开一系列研究。参考架构、测试床、应用案例是 IIC 关键工作抓手。IIC 正以参考架构为牵引，通过企业自主设立的应用案例组织垂直领域的应用研究，支持测试床的设立来提供检验支撑，并借力其他标准组织的力量，加快推进工业互联网的落地进程。

● 牵头搭建并完善参考架构，指引企业进行工业互联网应用实践。IIC 发布了参考架构 V1.0 版，其功能架构涉及商业、运营、信息、应用和控制五大功能范畴，以及系统安全、信息安全、弹性、互操作性、连接性、数据管理、高级数据分析、智能控制、动态组合九大系统特征。IIC 在功能架构的基础上，进一步建立了由边缘层、平台层和企业层组成的系统架构，确定了各层涵盖的软硬件系统和网络。目前，IIC 正着力于完善和细化参考架构，涉及包括整体架构、安全、分布数据管理、工业数据分析、连接性、互操作性等关键通用技术领域。

● 广泛收集应用案例，着重关注工业互联网的需求和存在的问题。IIC 目前设立搜集了 22 个应用案例，涵盖先进制造服务业、智能电网和安全等多个产业领域，各案例的牵头负责单位有 GE、英特尔和富士通这样的国际巨头，也有一些不那么知名的行业专业性企业。IIC 正构建垂直领域的应用案例分类分析表，以便体系化地在参考架构下进一步推进应用。

● 支持设立测试床，提供参考架构、技术标准和安全方案的验证支撑。目前已立项批准了十余个测试床项目，涵盖高速网络、半自动货车运输和自动驾驶、厂房设备和工具跟踪、预测性维护、生产质量管理等；待审批项目一个，为针对柔性制造的时间敏感网络（TSN）；IIC 同时启动了智能电网、智慧医疗等领域的测试床项目。IIC 正考虑在欧洲、日本和中国设立分支机构并推进测试床项目落地，以此来扩展联盟的影响力。测试床安全成为关注，IIC 要求测试床根据 C2M2 模型（信息安全能力和成熟度模型）进行安全性评估，评估结果和改进效果将向安全工作组进行汇报。

● IIC 还积极推进与国际标准化组织的协作。IIC 侧重分析工业互联网的标准化需求，并将这些需求通过联络函方式告知相关的标准化组织开展相关标准制定。IIC 设有联络函工作组，目前梳理了 20 多个关联标准化组织并逐步建立联系，其已向电信、电工、互联网、物联网等领域多个标准化组织发出联络函，如 IEEE、W3C、IPSO、3GPP、ISO/IEC JTC1、OSG、ITU、DIN 等，通告工作进展，交换标准化信息。为推进工业互联网研制标准以及全球化标准协作，标准化需求将由 IIC 直接向组织进行反馈。

1.3.1.2　德国工业 4.0 平台（Platform Industrie 4.0）

"工业 4.0"在德国政府发布的《高技术战略 2020》中被列为十大未来项目之一。2013 年 4 月，汉诺威工业博览会上正式提出了"工业 4.0"计划，并且获得了德国科研机构的大力支持。弗劳恩霍夫协会以及西门子公司率先将这一概念应用在其生产开发领域。德国"工业 4.0 平台"的产业发展模式重点以西门子、博世、SAP 等领先企业的"工业 4.0"关键部件产品与工业软件系统为抓手，在全球大量输出"工业 4.0"核心产品与整体解决方案，同时高度重视技术标准推广与合作，广泛开展与美国、中国等国家的工业互联网标准对接与整合。

（1）整体实施方面。《保障德国制造业的未来：关于实施"工业 4.0"战略的建议》报告提出了八个领域的重点任务，包括：①建立标准化的技术体系；②掌握复杂系统的管理技术；③建设工业宽带网络基础设施；④确保生产安全与信息安全；⑤重新设计工作岗位与内容；⑥持续进行

专业技能培训；⑦建立相应的法规和监管机制；⑧提高各类资源的运用
效率。

标准化被德国政府在"工业 4.0"战略的 8 项行动中的排在第一位，
表明要实现不同企业间的网络连接和集成就有必要开发出一套单一的共
同标准，从而促进标准化和参考架构。2013 年 12 月，《"工业 4.0"标准
化路线图》提出了 12 个需要制定标准化的产业，其中包括体系架构、用
例、安全等交叉领域、技术和组织流程、产品研发、通信平台等。2015
年 4 月，《工业 4.0 实施战略》明确将有待标准化数量聚焦到价值链标准、
网络通信标准、企业分层标准等。

（2）资金支持方面。德国政府总共投资 10 亿欧元为推进"工业 4.0"
的发展，促进工业领域新一代技术的研发与创新，并且将"工业 4.0"列
为《高技术战略 2020》的十大未来项目之一。

（3）具体推进组织方面。为推进"工业 4.0"的发展，以及推动"工
业 4.0"参考体系和标准化的制定，2015 年 3 月，德国经济和能源部、德
国教育和研究部联手启动了升级版工业 4.0 平台建设，并且设立平台指导
委员会和六大工作组。该平台目前结合工业视角及现有标准，基于"信息
物理生产系统"，分别从功能、价值链以及工业系统三个角度建立了参考
体系模型，重点打造以数据为导向的工业智能化蓝图。

标准化的制定作为目前创新发展的助力器，主要由于"工业 4.0"将
会针对以系统为基础的生产活动，从而产生新的标准。因此，德国以及全
球例如欧洲电工标准化委员会（CENELEC）、德国电气电工信息技术委员
会（DKE）、欧洲标准化委员会（CEN）、欧盟的欧洲电信标准化协会（ETSI）
等的标准化工作组织，都表明会将"工业 4.0"相关标准化制定作为长期
发展的工作。

1.3.1.3 中国工业互联网产业联盟（AII）

《中国制造 2025》是中国政府提出的第一个十年行动计划，该战略通过"三步走"最终实现制造大国向制造强国的转型。第一步，到 2025 年进入制造强国的行列；第二步，到 2035 年中国制造业整体达到世界制造业的中等水平；第三步，到新中国成立 100 年时，国家综合实力达到国际领先水平。围绕实现制造强国的战略目标，明确了 9 项战略任务和重点，提出了 8 个方面的战略支撑和保障。工业互联网是实现智能制造变革的关键共性基础，在工信部的大力支持和指导下，中国信息通信研究院联合制造业、通信业、互联网等企业于 2016 年 2 月 1 日共同发起成立中国"工业互联网产业联盟"（Alliance of Industrial Internet，AII），现有会员单位206 家，加快推进工业互联网发展。

（1）整体实施方面。2016 年 1 月，工信部、国标委共同发布了《国家智能制造标准体系建设指南（2015 年版）》，其中从智能制造标准体系的总体要求、建设思路、建设内容和组织实施方式等方面提出了构建智能制造标准体系的参考模型，同时阐述了智能制造标准体系框架及主要建设内容。

（2）资金支持方面。国家共投资 110.8 亿元支持智能制造的发展，不仅启动了智能制造专项，同时通过 93 个重点项目的立项，大力支持综合标准化试验验证和智能制造新模式的应用，其中智能制造专项综合标准化试验验证项目43 项，政府对标准化支持力度显著。

（3）具体推进组织方面。中国信息通信研究院联合制造业、通信业、互联网等企业，在工业和信息化部的支持和指导下，于 2016 年 2 月 1 日共同发起成立中国工业互联网产业联盟，截至 2017 年 2 月，会员单位达到 320 家。为推动工业互联网热点问题的研究、标准研制、技术试验验证、产业推广等方面的工作，联盟下设总体组、需求组、安全组、技术与标准组、试验平台组、产业发展组、国际合作组共 7 个工作组，以及工业大数据、边缘计算、知识产权 3 个特设组。2017 年 2 月，AII 主办的全球工业互联网峰会上，正式发布了《中国工业互联网年度技术白皮书（2016）》及《工业互联网标准体系 V1.0》。此外，为推动我国工业互联网标准化工作，我国正筹建美国工业互联网联盟 IIC 中国分部，并探索与工业互联网产业联盟形成对接关系。

1.3.2 工业互联网产业生态发展现状

目前，全球工业互联网产业生态发展雏形刚刚开始显现，随着跨系统、跨企业互联交互需求的增加，对工业互联网的标准化的需求也在不断提升。工业互联网产业生态系统主要指制造体系中与数据采集、传送、处理、反馈等相关的产业环节，涉及制造环节中的信息系统集成、工业网络互联、工业云和服务、工业互联网安全等方面。

（1）信息系统集成。

国内的工业系统集成集中了全球所有重要的集成厂商，高端市场几乎被国外企业垄断，国内集成企业的产业发展环境相对恶劣，中低端市场竞争激烈。同时，由于系统集成业务大多为非标准化，可复制性较低，国内企业大多面临核心技术薄弱、应用领域单一等问题，因此现阶段国内集成商数量众多但规模不大，一些关键芯片和核心软件环节依赖国外产品。

（2）工业网络互联。

网络互联包含工厂内部网络和工厂外部网络。我国在工厂外部网络相关产业方面已经有较好的基础，在工厂内网络方面，EPA、WIA-PA 等自主知识产权技术被纳入网络互联国际标准，形成了较好的技术基础。随着工业互联网中无线技术的应用拓展，未来面向无线化、IP 化的网络互联技术和产品标准将成为重点。此外，资源标识和寻址技术是实现资源管理、信息互通、设备设施互联的基础，需加强统筹考虑。

（3）工业云和服务。

我国云计算和数据服务领域已经形成一定的基础，出现了一批高水平的服务企业及自主研发的云平台解决方案，在大数据平台服务器、NoSQL数据库和数据仓库等产品方面有所积累。但是，工业云服务尚处于探索期，工业领域算法和模型、基于多种云架构的 PaaS 平台、以大数据分析功能为核心的开放云平台等方面与国外差距巨大，因此在数据规范、云平台、云服务方面亟须标准化。

（4）工业互联网安全。

目前业界对工业互联网安全的研究及产业支持还处于起步阶段。工业互联网推进工业生产过程将不断灵活化、柔性化，企业、用户、产品之间将高度协同、开放、共享，工业互联网安全边界越发模糊、攻击面不断扩大，未来安全将向设备、数据、服务全方面渗透，成为影响工业互联网发展的关键要素之一，因此亟须从技术、管理、服务等多角度协同构建工业互联网安全发展环境。

第二章

工业互联网总体技术

工业互联网技术体系

工业互联网体系架构

工业互联网标准体系

工业互联网产业模式

　　工业互联网作为一种新的产业应用价值链，以互联网为基础融合了新一代信息技术和工业系统，同时为工业智能化的发展提供了核心的综合信息资源设施。工业互联网的诞生及发展受到了全球各个主要国家政府的高度重视和相关产业界的积极探索与实践。

　　工业互联网形成了一个具有复杂性和多样性的全新生态系统，包含了信息技术领域以及工业的各个过程和要素，是一项前瞻性以及全局性的系统工程。如上文中提到，工业互联网作为一种融合了新一代信息技术和工业系统的全新的产业，为工业智能化的发展提供了核心的综合信息资源要素。

　　在信息技术与工业技术的双重推动下，工业互联网的技术体系已基本形成包括总体技术（体系架构、模式体系、标准体系等）、基础技术（物联网、网络通信、云计算、工业大数据、安全等）以及应用技术（网络化协同制造、智能制造、云制造等）等在内的系统化工程技术体系。

　　从本章开始，本书将着手从技术维度阐述工业互联网的体系架构，并将工业互联网的技术基础、应用技术以及相关产业和应用生态为读者渐次展开。

　　本章内容参考引用了中国工业互联网产业联盟发布的《工业互联网体系架构（版本 1.0）》[11]的内容。作者作为产业联盟理事单位中国航天科工集团公司的代表，参与了该报告主要内容的编著工作。

2.1　工业互联网技术体系

工业互联网是融合工业技术与信息技术的系统工程，随着近几年的快速发展，已逐步形成包括总体技术、基础技术与应用技术等在内的技术体系，如图 2-1 所示。

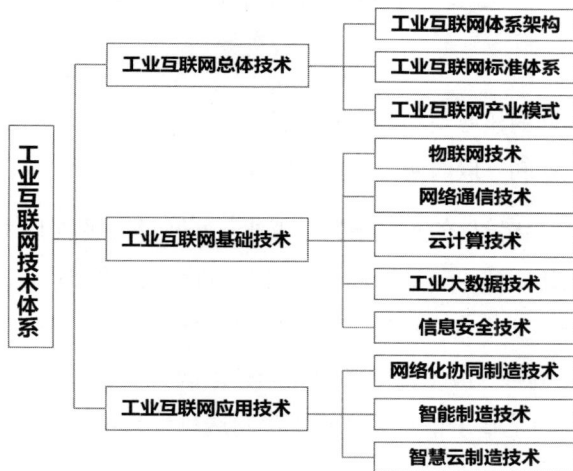

图 2-1　工业互联网技术体系

工业互联网的总体技术主要是指对工业互联网作为系统工程开展研发与实施过程中涉及的整体性技术，包括工业互联网的体系架构、各类标准规范构成的标准体系、产业应用模式等。

工业互联网的基础技术包括从工业技术与互联网技术层面支撑工业互联网系统搭建与应用实施的各类相关技术，包括物联网技术、网络通信技术、云计算技术、工业大数据技术以及信息安全技术，基本可从网络、数据、安全三个维度划分。

工业互联网的应用技术包括基于工业互联网开展智能化大制造的各类模式及应用，从层次上包括智能化先进制造、网络化协同制造以及智慧化云端制造等。

2.2　工业互联网体系架构

工业互联网的核心是基于全面互联而形成数据驱动的智能，网络、数据、安全是工业和互联网两个视角的共性基础和支撑。

从工业智能化发展的角度出发，工业互联网将构建基于网络、数据、安全的三大优化闭环。一是面向机器设备运行优化的闭环，其核心是基于对机器操作数据、生产环境数据的实时感知和边缘计算，实现机器设备的动态优化调整，构建智能机器和柔性产线；二是面向生产运营优化的闭环，其核心是基于信息系统数据、制造执行系统数据、控制系统数据的集成处理和大数据建模分析，实现生产运营管理的动态优化调整，形成各种场景下的智能生产模式；三是面向企业协同、用户交互与产品服务优化的闭环，其核心是基于供应链数据、用户需求数据、产品服务数据的综合集成与分析，实现企业资源组织和商业活动的创新，形成网络化协同、个性化定制、服务化延伸等新模式。工业互联网体系架构如图 2-2 所示。

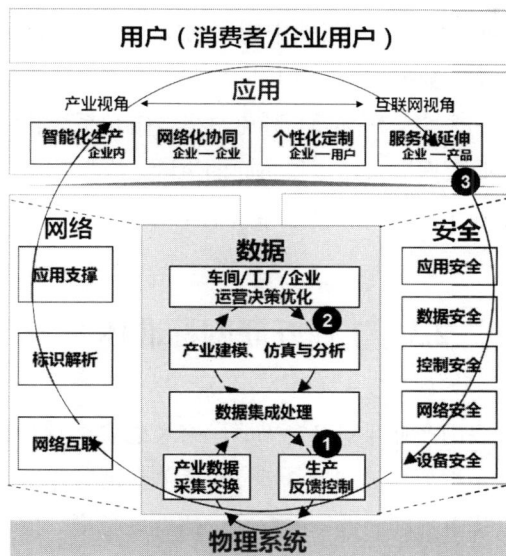

图 2-2 工业互联网体系架构[12]

其中，"网络"是工业系统互联和工业数据传输交换的支撑基础，包括网络互联体系、标识解析体系和应用支撑体系，表现为通过泛在互联的网络基础设施、健全适用的标识解析体系、集中通用的应用支撑体系，实现信息数据在生产系统各单元之间、生产系统与商业系统各主体之间的无缝传递，从而构建新型的机器通信、设备有线与无线连接方式，支撑形成实时感知、协同交互的生产模式。

"数据"是工业智能化的核心驱动，包括数据采集交换、集成处理、建模分析、决策优化和反馈控制等功能模块，表现为通过海量数据的采集交换、异构数据的集成处理、机器数据的边缘计算、经验模型的固化迭代、基于云的大数据计算分析，实现对生产现场状况、协作企业信息、市场用户需求的精确计算和复杂分析，从而形成企业运营的管理决策以及机器运转的控制指令，驱动从机器设备、运营管理到商业活动的智能化和优化。

"安全"是网络与数据在工业中应用的安全保障，包括设备安全、网络安全、控制安全、数据安全、应用安全和综合安全管理，表现为通过涵盖整个工业系统的安全管理体系，避免网络设施和系统软件受到内部和外部攻击，降低企业数据被未经授权访问的风险，确保数据传输与存储的安全性，实现对工业生产系统和商业系统的全方位保护。

2.3　工业互联网标准体系

依据工业互联网产业生态各环节，综合考虑安全及互联需求，构建工业互联网标准体系框架（如图 2-3 所示），主要包括总体、基础共性、应用三大类标准，其中基础共性标准包括网络互联标准、标识解析标准、应用支撑标准、工业数据标准、安全标准。

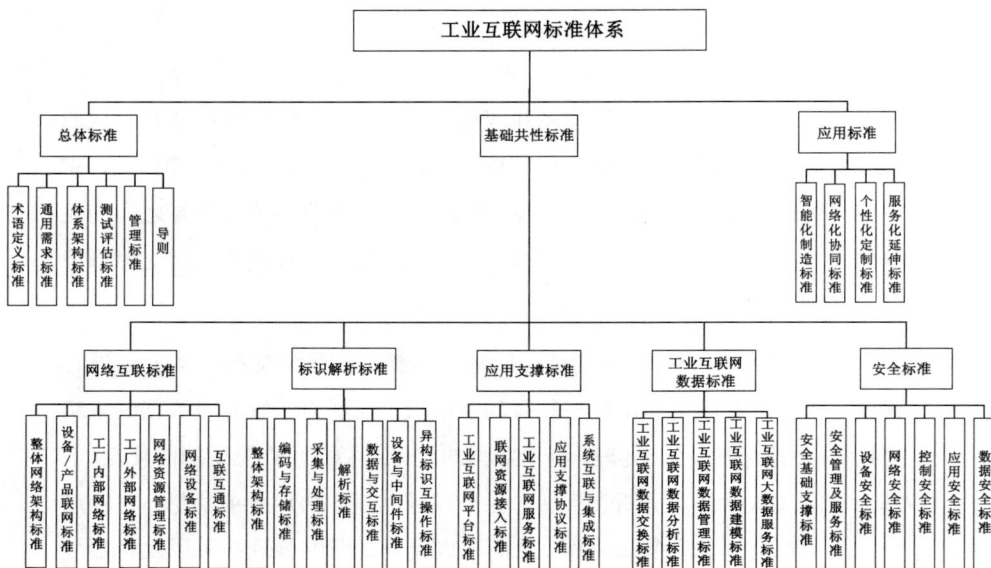

图 2-3　工业互联网标准体系

2.3.1　工业互联网总体标准体系

总体标准主要规范工业互联网的总体性、通用性、指导性、指南性标准，包括术语、需求、体系架构、测试评估、管理、导则等标准。其中：

（1）术语定义标准用于统一工业互联网主要概念认识，为其他工业互联网相关标准中的术语用法提供依据。标准主要涉及工业互联网领域下的场景、技术、业务等主要概念分类和汇总、新概念定义、旧术语完善、相近概念之间关系等。

（2）通用需求标准主要给出工业互联网在流程工业、离散工业、产品服务化方面的典型应用场景，以及满足这些应用场景的能力型需求，包括功能、安全、性能、可靠性、管理等需求。

（3）体系架构标准用以统一工业互联网标准化的对象、边界、各部分的层级关系和内在联系。规范工业互联网通用分层模型、总体架构、主要功能实体、接口要求以及工业互联网共性能力要求。

（4）测试评估标准包括评估指标体系和认证评估方法。用于规定针对不同智能化对象的评估方法及评估指标。

（5）管理标准包括工业互联网建设及运行中所涉及的相关管理标准，包括平台运行管理、服务管理、业务管理等方面的标准。

（6）导则主要对于工业互联网建设和运行相关工作的实施给出指导，如设备/产品智能化，规范设备的智能化改造标准及如何实施。

2.3.2　工业互联网基础共性标准体系

（1）网络互联标准。

网络互联标准主要规范网络互联所涉及的关键技术、设备及组网，包括整体网络架构、设备/产品联网、工厂内部网络、工厂外部网络、网络资源管理、网络设备、互联互通等标准。其中：

● 整体网络架构标准主要包括企业内部不同层级网络互联，以及企业与设计/供应链/制造/服务/消费协作模式下的互联互操作技术等工厂内网络标准；体现企业互联、业务互联、产业互联的工厂外网络标准。

● 设备/产品联网标准主要定义设备/产品联网所涉及的功能、接口、通信协议、数据交换、时钟同步等要求。

● 工厂内部网络标准主要包括保障机器之间、机器与控制系统之间、企业上下游之间的低时延、高可靠连接与智能交互的网络组网技术标准；针对现场设备级、车间监测级及工厂管理级的不同需求的工业无线网络标准；针对工业现场总线、工业以太网、工业布缆的工业有线通信标准。

● 工厂外部网络标准主要包括工厂外部网络架构、工业 VPN 等标准。

● 网络资源管理标准主要包括在工业互联网中应用的 IPv6 标准、适用于工业环境的无线频谱规划的频谱标准。

● 网络设备标准主要包括工业网关、工业交换机、芯片及通信模块等标准。

● 互联互通标准主要规范跨不同管理域互通时涉及的标准，包括互联互通架构、互联互通设备及互联互通管理所涉及的相关标准。

（2）标识解析标准。

标识解析标准主要包括整体架构标准、编码与存储标准、采集与处理标准、解析标准、数据与交互标准、设备与中间件标准、异构标识互操作标准等。

● 整体架构标准主要规范工业互联网标识解析体系的组网架构和分层模型，定义标识解析所涉及的各种功能主体和信息对象，以及注册、解析、查询、搜索等标识服务应具备的共性能力。

● 编码与存储标准主要规范工业互联网标识的编码方案，包括编码长度、编码格式、分配原则，以及标识编码在条码、二维码、射频标签等各种载体中的具体存储方式。

● 采集与处理标准主要规范工业互联网标识数据的采集方法，包括存储标识的载体设备与可读取标识的识读器设备之间、识读器设备与中间件设备之间、识读器设备/中间件设备与信息服务器之间的通信协议，以及识读器设备/中间件设备对标识数据的过滤、去重等原始数据处理方法。

● 解析标准主要定义工业互联网标识解析查询的具体流程，包括查询主体及响应主体、解析查询数据报文格式、响应数据报文格式、通信协议等。

● 数据与交互标准主要规范工业互联网标识服务所涉及的标识间映射记录数据格式和产品信息元数据格式等。

● 设备与中间件标准主要规范工业互联网标识解析服务设备所涉及的功能、接口、协议、同步等要求。

● 异构标识互操作标准主要规范多种不同工业互联网标识解析服务之间的互联互通和互操作协议。

（3）应用支撑标准。

应用支撑标准主要包括工业互联网平台标准、联网资源接入标准、工业互联网服务标准、应用支撑协议标准、系统互联与集成标准等。其中：

● 工业互联网平台标准包括工业互联网平台通用要求标准、工厂内部和工厂外部不同形态的工业互联网平台标准，主要对平台相关的功能、性能、安全、服务运维、数据保护、开放能力等要求进行规范。

● 联网资源接入标准主要规范工业互联网平台对工厂内部各联网要素如原材料、在制品、设备、产品、工业控制系统、工业 IT 系统以及工厂外部联网要素如设计、仿真、供应链、工业互联网应用系统等资源和能力的接入，包括对这些资源和能力的分类、规范化描述及资源调用方式等。

● 工业互联网服务标准主要规范工业互联网平台提供的服务支撑能力，包括服务发布、服务管理等标准。

● 应用支撑协议标准主要规范工厂内各生产设备、控制系统和 IT 系统间的数据集成协议，以及生产设备、IT 系统到工厂外云平台间的数据集成和传送协议。

● 系统互联与集成标准主要规范设备、产品、工业控制系统、工业 IT 系统、工业互联网应用等之间的互联和互操作，以保证数据在这些要素之间交互，包括集成方式、互操作能力描述、模板规范等标准。

（4）工业互联网数据标准。

工业互联网数据标准主要包括工业互联网数据交换标准、工业互联网数据分析标准、工业互联网数据管理标准、工业互联网数据建模标准、工业互联网大数据服务标准等。其中：

● 工业互联网数据交换标准主要规范设备、产品等终端节点及各种工业系统（包括工业控制系统、工业 IT 系统、工业互联网平台、工业互联网应用）之间，以及不同工业系统之间数据交换，包括数据格式、数据交换体系架构、协议等标准。

● 工业互联网数据分析标准主要规范工业互联网数据分析的流程及方法，为工业互联网数据分析及其实施提供指导，包括一般数据分析流程及典型场景下数据分析可以使用的工具等标准。

● 工业互联网数据管理标准主要规范工业互联网数据的存储结构、元数据、数据质量要求、数据生命周期管理要求等，包括基于云平台的工业互联网数据管理标准及传统架构下的工业互联网数据管理标准。

● 工业互联网数据建模标准主要规范物理实体（在制品、设备、产线、产品等）在网络空间中的映像及相互关系，包括静态属性数据描述、运行状态等动态数据描述，以及物理实体之间相互作用及激励关系的规则描述等。

● 工业互联网大数据服务标准主要规范工业互联网平台运用大数据能力对外提供的服务，包括大数据存储服务、大数据分析服务、大数据可视化服务、数据建模及数据开放等标准。

（5）安全标准。

安全标准主要包括安全基础支撑标准、安全管理及服务标准、设备安全标准、网络安全标准、控制安全标准、应用安全标准、数据安全标准等。其中：

● 安全基础支撑标准主要规范工业互联网基础共性的安全技术，包括安全术语和定义、安全模型、安全框架、安全算法和协议等标准。

● 安全管理及服务标准主要规范工业互联网相关的安全管理及服务要求，包括风险管理、责任管理、资产管理、运维管理、供应链管理、风险评估、安全评测、应急响应等标准。

● 设备安全标准主要规范工业互联网智能装备、智能产品等在设计、研发、生产制造以及运行过程中的安全要求，包括芯片安全、嵌入式操作系统安全、应用软件安全等标准。

● 网络安全标准主要规范承载工业智能生产和应用的工厂内网和工厂外网相关的网络安全要求，包括网络接入安全、网络传输安全、网络安全监测等标准。

● 控制安全标准主要规范工业互联网控制相关的安全要求，包括控制协议安全、控制系统安全、控制软件安全等标准。

● 应用安全标准主要规范工业互联网业务应用相关的安全要求，包括工业云安全、网络化协同安全、产品服务安全、个性化定制安全等标准。

● 数据安全标准主要规范工业互联网数据相关的安全要求，包括工业大数据安全、用户数据安全等标准。

2.3.3　工业互联网应用标准体系

工业互联网应用标准体系主要包括支持智能化生产标准、个性化定制标准、网络化协同标准、服务化延伸标准。应用标准应在总体标准和基础共性标准基础上，针对不同应用场景标准化需求开发相关标准，包括工业互联网应用导则、特定技术或产品标准、管理标准等。

（1）智能化生产标准：面向流程工业和离散工业，针对不同行业和场景，制定工业互联网应用导则，网络互联、标识解析、应用支撑、工业互联网数据、安全相关的特定技术产品标准，以及针对智能化生产的管理标准。

（2）个性化定制标准：面向大规模个性化定制总体及模块化定制、众创定制等典型模式，制定工业互联网应用导则，网络互联、标识解析、应用支撑、工业互联网数据、安全相关的特定技术产品标准，以及管理标准。

（3）网络化协同标准：面向网络化协同整体及网络协同设计、云制造、供应链协同等典型模式，制定工业互联网应用导则，网络互联、标识解析、应用支撑、工业互联网数据、安全相关的特定技术产品标准，以及管理标准。

（4）服务化延伸标准：面向服务化延伸整体及产品服务化、产品增值服务等典型模式，制定工业互联网应用导则，网络互联、标识解析、应用支撑、工业互联网数据、安全相关的特定技术产品标准，以及管理标准。

2.4 工业互联网产业模式

2.4.1 工业互联网引发的变革

工业互联网在建立后可以衍生出一种新型的"工业互联网产业模式"，其本质就是机器、数据、人三要素融合推动制造范式变革所呈现的外部动态特征，为企业带来新的创新发展机遇和巨大商业价值。

从设备接入端来看，创新基于工业互联网所连接的机器设备中丰富而多样的传感器所采集获得的海量数据。根据粗略估算，目前总共有商用飞机两万架，这些飞机安装配置的喷气发动机的数量为 4.3 万台。[13]正是由于这些喷气发动机，以及组成这些喷气发动机的旋转设备，才使得各项指标都可以被采集到。企业家、管理人员、设备维修工程师、设备设计工程师等制造业生态圈中的成员对小到改善机器性能、开关机状态、关重件寿命预测、材料特性等目标用户状态，大到调整备件库存、工厂产能、维修故障建模等重要行为认知水平将有一种基于理性判断的决策跨越，这可以称之为数据的"智能化"。

从技术应用方法来看，实时工业互联网所连接的云端大数据分析软件颠覆了传统工业设备管理单一基于巡检和事后响应处置的工作模式，将传统统计方法的"历史数据收集技术"过程中数据、分析和决策三者分离格局转变为企业用户、设备生产商、服务提供商共生的联合体，工业互联网将传统方法与新技术二者紧密结合在一起，重构了产业模式。"高频实时数据"为系统操作和运行提供了基础支撑和全新视角，这是"机器行为"所带来分析技术和流程的全新维度，主动发现并具备数据资源和技术方法，可以结合不同行业以及特定领域的专业知识、信息流的自动化与预测能力以及各种差异化的物理服务方式。这种服务以低成本、高回报且形式类别细化的方式融入企业的研发环节、供应链管理环节、生产管理环节、售后服务等环节，从而缩短开发周期、优化装配过程、降低产品开发及装配成本，渗透于制造业的整个价值链。

与此同时，工业互联网提供商将传统方法与新一代信息技术二者紧密结合在一起，利用它们所获得的庞大的历史和实时数据、先进的信息技术分析能力进行特定行业的高级数据分析，开展跨界的制造服务，这些服务给制造业生态圈中的成员带来各自所需的巨大效益。

2.4.2 工业互联网的应用价值

工业互联网的应用价值可从三个方面来体现。第一，提高能源的使用效率，包括油、气、电等，等于从侧面提高了 GDP；第二，提高工业系统与设备的维修和维护效率，相当于提高了生产力；第三，优化并简化运营，提高运营效率，相当于更多的人力可以进行更有价值和富有创新的工作。[14]

就不同的行业而言，工业互联网带来的价值侧重点不同。对于重工业企业，工业互联网有助于优化重工业的时间安排和货物流向；对于航空客运等商业运输服务业，工业互联网在提高其服务和安全的同时，进一步优化其运营和资产；在医疗保健业中，工业互联网的重点从优化货物流向转为优化个人信息流向和业务流程，即在合适的时间将正确的信息传达给合适的人。

GE 的一份白皮书指出，通过部署工业互联网，各行业将实现 1% 的效率提升或 1% 的燃料节省，并带来显著的经济效益。至 2025 年，医疗行业效率提升 1%，可以帮助全球医疗行业节约 630 亿美元；世界铁路网交通运输效率若提高 1 个百分点，将节省 270 亿美元能源支出；商用航空领域节省 1%的燃料意味着能节省 300 亿美元支出，燃气电厂节省 1%的燃料，将节省 660 亿美元能耗支出（见表 2-1）。从表中不难发现，工业互联网具有"蝴蝶效应"，即工业互联网 1%效率的提升，由此引发的将是行业效率的倍增。随着工业互联网应用潜力的不断增长，预计将产生 32.3 万亿美元的经济效益。到 2025 年，工业互联网将创造 82 万亿美元的经济价值（约为全球经济总量的 1/2）。[15]

表 2-1　工业互联网对部分行业的促进作用

行业	环节	节省类型	至 2025 年预计节省费用（10 亿美元）
航空	商用航运	1%燃料支出	30
电力	燃气发电	1%燃料支出	66
医疗保健	系统流程	系统效率增长 1%	63
铁路	运输	系统效率增长 1%	27
油气	勘探与开发	1%资本支出	90

　　工业互联网促进生产力的提升就意味着收入和生活水平的改善。在美国，如果工业互联网推动生产力每年增长 1～1.5 个百分点，使生产力再一次达到网络革命巅峰水平，在接下来的 20 年里，平均收入水平将提高 25%～40%。若其他各国生产力增长水平能有美国的一半左右，工业互联网将为全球 GDP 创造 10 万亿～15 万亿美元价值，相当于美国目前的经济总量。[16]

2.4.3　工业互联网产业模式的层级

　　工业互联网衍生出新的产品、服务和不同的商业模式，引发全球产业链的变革。工业互联网对传统设备制造业进行了全新定义：设备销售在商业模式中依然必不可少，然而增值和创新服务显得尤为重要。工业互联网的产业模式由三个层面组成。

（1）基本层。

基本层即原有产业的优化升级模式，实现从"1"到"10"的量级转化，将数据化、互联网、软件分析等新方法运用到现有工业产品的设计、制造、销售、运行、维护及更换体系中，一定程度上对过程进行优化，从而产生经济效益的提升。

（2）增强层。

增强层即跨界融合，发挥 1+1>2 的资源效益提升。高端设备制造商如 GE 等同互联网相连，新的产品、服务以及商业模式就可能随之出现。伴随着工业互联网产生的新技术发展，可以把工业互联网公司定义为一种基于互联网的，专门从某种类别产品、设备及服务制造的商业公司。在互联网介入工业领域后，工业企业可对设计、制造、维护等各环节进行智能管理和资源汇聚，催生新兴的商业模式。

（3）创新层。

创新层称之为从"0"到"1"的模式革新。该模式突破公司、行业的原有角色，进行产品、服务、商业模式的革新，带动产业链的升级改造甚至是产业模式的创新。例如：运用平台、网络和数据的开放等方式，将第三方创新者引入互联网，创造出全新的服务和商业模式，定义出一种创新型工业互联网的概念。

2.4.4　基于工业互联网的产业模式创新

工业互联网相关的产业体系正在形成，不但为生产系统智能化发展提供了新思维和新引擎，也推动了商业系统的智能化发展，其创新产业应用模式主要包括智能化生产、网络化协同、个性化定制与服务化延伸几个方面。

（1）智能化生产。

传统制造业因为设备故障、废品返工、用户需求变更、供应商能力变化等生产过程中的不确定因素和企业内部经营管理存在的问题，使得生产效率难以有效提高，部门之间、生产各环节之间缺乏有效沟通衔接，资金流、物流和信息流不能顺畅流动。

智能化生产通过运用物联网、大数据及云计算等技术，实现设备、产品、产线、车间与人及信息系统的连接，产品生产制造的各个环节、各生产要素都纳入到智能网络中，通过数据的采集、集成、分析、交互，实现生产过程的自动化控制、智能化管理和定制化生产。支撑智能化生产需要聚焦设备互联、流程集成、数据实时分析与制造控制等关键环节中产品、技术和服务的创新应用。

设备互联是运用传感器、嵌入式终端等设备和信息通信技术，实现生产设备之间、产品与设备之间、物理系统与互联网平台之间的互联。流程集成是指将产品和设备数据、生产过程数据、经营管理数据在一个智能控制系统中集成，以实现企业内部所有生产环节、运营环节的无缝连接，保证信息流、资金流、物流在各个层次、环节、部门的畅通。数据实时分析与制造控制主要包括生产工艺优化、生产流程再造、智能化生产排程、设备预测性维护、产品生命周期、生产环境管控。

以上创新应用将为工业经济提供新的市场机遇、技术机遇和产业机遇，比如智能设备、智能车间、智能工厂背后是庞大的智能装备市场，包括传感器、自动化设备、机器人等。同时，作为智能装备核心的工业软件如企业资源管理计划（ERP）、制造执行系统（MES）、产品生命周期管理（PLC）等也随之迎来新的发展机遇。德国、美国、日本等发达国家都在积极布局智能制造相关产业，抢占高端制造业制高点，我国可以通过在不同行业、不同产业及不同企业间推行工业 2.0、工业 3.0、工业 4.0 的并行发展，实现在工业互联网阶段的弯道超车。

（2）协同化制造。

协同化制造本质是分散形态的生产组织模式创新。通过将企业内部 IT 系统、OT 系统与互联网连接，打破企业的物理和组织边界，使得数据在不同工厂之间、企业与供应链上下游企业之间以及跨供应链间的共享，从而将串行工作变为并行工程，实现供应链内及跨供应链间的企业产品设计、制造、管理和商务等全产业链协同，实现资源共享，提高制造效率。

协同化制造贯穿产品的设计、制造和销售各个环节，主要应用子模式包括：协同设计、云制造、供应链协同。

协同设计又称众包设计，是充分利用社会创新资源，通过开放网络平台，实现研发设计由企业内部集中控制向企业外部分散控制的转变。如：宝马汽车在德国本部开通客户创新实验室，通过为用户提供在线工具，让用户参与到汽车的设计过程中来。乐高玩具公司建立了资助体系，鼓励用户参与到公司的各项设计任务当中。

云制造基于"云计算"理念，在工业设计与制造领域，实现资源与需求的最合理、最高效的匹配。云制造整合制造活动中所需要的各类制造服务（制造资源和制造能力），形成制造服务云池供用户在线租用；提供制造服务的在线对接交易，实现制造服务的发布、选比、搜索、评价等。

供应链协同通过组织层面的协同，明确供应链上各个企业的分工与责任，实现优势互补和资源整合；通过业务流程层面的协同打破企业界限，通过流程重组更好地满足客户需求；通过信息层面的协同，实现供应链各成员企业运营数据、市场数据的共享，提高对用户需求的响应速度。

（3）个性化定制。

个性化定制是指用户为了实现自己的个性化需求，直接参与生产过程的生产模式。工业互联网通过智能化生产与协同化制造解决了个性化定制与标准化、规模化工业生产的矛盾，实现了生产效率和需求满足的同时提升。个性化定制的生产模式主要包括：大规模个性化定制、模块化定制、远程定制。

大规模个性化定制把个性化产品定制生产转化为批量生产的生产方式，其中会运用自动化控制技术、新材料技术、柔性制造技术等一系列技术，同时需要有智能化的信息管理系统和生产执行系统支持，使得用户需求可以在设计、制造资源组织、生产排程等各个环节得到快速高效的响应。

模块化定制将复杂的产品设计和生产进行多模块的简单化分解，再由分解后的各个模块集成生产。通过将个性化定制产品中具备相似结构、相近尺寸的部件进行统一，形成有独立功能结构、通用接口的细分模块，再通过模块的变量组合便可产生几十种、上百种的个性化产品。有代表性的商业模式如戴尔电脑个性化定制、宜家家具模块化设计模式。

远程定制运用互联网进行远程设计、异地下单和分布式制造。例如，在家具制造行业中，商家可先获得客户的定制信息，通过云计算进行设计和模拟，同时还可对设计结果进行反馈修改，最后客户确认产品设计后通过计算机将设计方案发送到相应的制造设备，基于互联网和智能设备能够完成产品建模、制造、测试和其他各项活动。

（4）服务化延伸。

传统意义上的服务型制造是企业通过运用传统手段，实现从产品制造为主向提供如融资租赁、交钥匙工程、制造外包等服务为主的转型。基于工业互联网的服务型制造则是运用物联网、互联网、大数据等技术为产品制造提供在线、实时、远程和智能服务。

互联网与工业融合的不断深入正催生多种技术、多种业态融合的生态服务系统。这些服务系统运用物联网、大数据等技术，通过打通整个供应链的资金流、物流和信息流,实现包括供应链金融与高效物流在内的商业生态营造。简单模式是从制造产品为主向提供服务为主的转型,如制造外包、交钥匙工程、融资租赁服务等,高级模式是依托物联网、互联网、大数据等技术实现在线、实时、远程和智能服务的升级。例如,三一重工建立了智能工程机械物联网,利用大数据分析优化决策,为客户提供远程监控、主动维护、位置信息及精细化作业调度等服务。普天新能源集成和整合充电桩网络、物联网、互联网、大数据等技术,构建了新能源汽车产业生态创新体系。每天将数万辆电动车运行的工况、充电频次、电池耗损等海量数据汇集到平台,借助大数据分析技术,既服务于企业自身运营,又可为消费者、电动车和电池生产企业、公共管理部门提供决策信息。

第三章

工业互联网基础技术

物联网技术

网络通信技术

云计算技术

工业大数据技术

信息安全技术

　　工业互联网的基础技术主要包括从工业技术与互联网技术层面支撑工业互联网系统搭建与应用实施相关的各类技术，基本可从网络、数据、安全三个维度划分。

　　在网络维度，网络技术作为工业互联网的基础核心，是异构、分布的大量工业要素互联的基本使能技术，主要包括实现物物互联的物联网（Internet of Things，IoT）以及实现互联通路的网络通信技术。网络通信技术门类众多，但篇幅所限，本书认为移动互联网技术、天地一体网络技术以及高性能计算技术将成为工业互联网中重要的网络通信技术支撑，将在本章展开介绍。

　　在数据维度，工业大数据无疑成为工业互联网实现工业要素互联之后的核心价值创造者，而云计算技术则是支撑广泛、分散、天量的工业大数据采集、聚合、处理、分析的关键技术。因此本章将重点展开介绍云计算与工业大数据的相关内容。

　　在安全维度，工业互联网对于国计民生的战略意义决定了工业互联网安全保障的至关重要性。信息安全技术无疑成为工业互联网实现工业要素安全、可靠的互联互通与协同协作的核心技术基础。

　　本章将重点针对物联网技术、网络通信技术、云计算技术、工业大数据技术以及信息安全技术等在工业互联网中较为核心的基础技术进行介绍，对相关技术的内涵、特征及关键技术进行剖析。

3.1 物联网技术

3.1.1 物联网的内涵

1995 年，比尔·盖茨提出"物物互联"的构想；1999 年美国 Auto-ID 中心则首先提出建立在物品编码、无线射频技术和互联网基础上的物联网概念。[17]物联网的基本思想虽然成型于 20 世纪末，但在这些年才真正引起人们的关注。2005 年国际电信联盟（ITU）发布过一篇报告，名为《ITU 互联网报告 2005：物联网》。该报告中提到，物联网时代即将来临。该报告还指出：世界上所有的物体都能通过 Internet 主动进行信息交换，不管是一页纸那样的微小物件，还是像一座房屋那样的大型物体，都是可以进行信息交换的。随后，世界许多国家都提出了自己的物联网发展战略，包括 2009 年美国 IBM 提出的"智慧地球"、欧盟的《Internet of Things—An Action Plan for Europe》行动方案、日本的《i-Japan 战略 2015》信息化战略等。[18]

物联网现在还没有一个公认和明确的定义，但从普遍意义上来说，物联网是一个基于互联网、传统电信网络等信息承载体，让所有能够被独立寻址的普通物理对象实现互联互通的网络；也就是说，在物联网世界，每一个物体均可寻址，每一个物体均可通信，每一个物体均可控制。[19]普遍认为物联网是继计算机、互联网和移动通信后引领信息产业革命的新一次浪潮。

3.1.2 物联网的特性

不同于我们通常所说的，也就是传统意义上的互联网，物联网的特性显得比较突出。

（1）传感器技术的综合应用。数量庞大的不同种类的传感器都被连接和部署到物联网上。这些被部署安装的传感器成为信息源，传感器按照自己的类型区别分别捕获到各自格式和内容的信息。这些被捕获到的信息是时刻不断变化的，通过特定的频率循环，不断采集信息，从而使得数据可以持续更新。

（2）基于互联网的 Ubiquitous Network。互联网依旧是一个核心要素，也是一个十分重要的基础。互联网融合不同种类的有线网络和无线网络以后，可以将获取到的数据信息精确地传递到网络上。由于信息源数据数量繁多，要想确保这些数据传输快速无误，在传输过程中，就一定要能和各种异构网络和协议相适应匹配。

（3）智能处理与智能控制能力。物联网利用各种智能技术，比如云计算、模式识别等，使得它的应用范围和领域得以拓展。因为物联网可以将传感器和智能处理结合起来，获取和捕捉到庞大的数据源，对这些数据源进行加工处理、高级分析，从而得到想要的信息数据。通过这种方式去探索物联网的应用领域和模式。

3.1.3 物联网的关键技术

（1）无线射频识别技术（RFID）。

射频识别技术是利用射频信号通过空间耦合（交变磁场或电磁场）来实现无接触信息传递并通过所传递的信息来达到自动识别目的的技术。无线射频识别技术有很多种类。主要是以下几种：光符号识别技术、语音识别技术、生物计量识别技术、IC 卡技术、条形码技术和射频识别技术等。其中条形码技术在我们生活中应用得十分广泛，几乎在每件商品上都有条形码的身影。但是它也有例如读取速度慢、储存能力小、工作距离近等很明显的缺点。

RFID 的雏形甚至可以追溯到第二次世界大战时期雷达系统为了区分敌我而使用的敌我飞机识别器（IFF）。20 世纪 60 年代，人类对 RFID 的研究正式拉开大幕。发达国家如美国、德国等在 RFID 上起步较早也发展较快，因而具有比较成熟和先进的 RFID 系统。而在中国，RFID 也已经广泛应用于铁路机车识别、二代身份证、危险品管理等多个领域。相信随着 RFID 产品种类的不断丰富和价格的逐渐降低，RFID 将更加大规模应用到我们的生活中，深刻影响各行各业。

近年来无线射频识别技术逐渐完善，它有许多独特的优势，例如防水防磁、读取速度快、储存能力强和识别距离远等，因此 RFID 能很好地替代现有的条形码技术。特别是当有通信能力的 RFID 和赋予任何物体 IP 地址的 IPv6 技术相结合后，充分释放了它们二者的优点，使物联网所倡导的人和人、人和物、物和物的互联成为可能。

（2）传感器技术。

传感器扩展了人感知周围环境的能力，是现代生活中人类获取信息的重要手段，无线传感器节点就是一个很具有代表性的例子。它和通常人们所说的传感器有很大的区别，因为无线传感器除了有传感器部件之外，还包括与微处理器和无线通信芯片做了集成。因此无线传感节点不但能从外界获取信息，还能对信息进行分析和传输。

无线传感网是由大量微型、低成本、低功耗的传感器节点组成的多跳无线网络。无线传感网的作用很广，比如最主要的是环境监测，尤其是长时间的、大范围的。它还可以实时更新数据并且可以实现自动化。随着节点软硬件技术的发展，节点的价格更加低廉，所以节点的部署也可以更加广泛，计算能力也可以更强更智能。一方面，传感器将朝着低价格、微体积的方向发展；另一方面，传感器将和智能手机、医疗设备等结合，朝着智能化、人性化的方向发展。而物联网的兴起也带给传感网新的发展契机。通过物联网扩展应用模式，传感网可实现更透彻的感知，拥有更深入的智能，最终达到"物物相联"。

3.2　网络通信技术

网络通信技术（Network Communication Technology，NCT）是指通过计算机和网络通信设备对图形和文字等形式的资料进行采集、存储、处理和传输等，使信息资源达到充分共享的技术。[20]从通信对象的角度进行划分，主要包括：互联网技术、移动互联网技术（连接手机等移动终端）以及物联网技术（连接机器等物理实体）。

3.2.1　移动互联网技术

1. 移动互联网的内涵

移动互联网整合了移动设备和互联网的优势，是这两者相互融合所产生的。运营商可以提供无线网络支持，互联网企业则可以有各种应用提供。移动互联网不仅有随时随地随身的特性，还能进行分享和互动。

宽带无线移动通信技术的逐步发展推动着移动互联网业务的发展，使得互联网逐步推广开来，被广为熟知。其整合移动设备和互联网的优势，为移动网带来很大的应用空间。同时，也开创了可持续发展的商业模式，为传统的互联网类业务开拓出新的天地，使得移动网络宽带化的改进和提高都得到了推动。此项业务逐步发展为移动运营商最核心的业务之一。

2. 移动互联网的特点

移动互联网不同于传统的桌面互联网。二者对比，其特点比较突出：

（1）灵活性和移动性。移动互联网由立体网络组成的基础网络，全范围内的覆盖使得移动终端十分便捷连通网络的特点，这种联通可以通过多种形式，包括 GPRS、3G、4G 和 WLAN 或 WiFi。其基本载体是移动终端，只要有网络任何时候任何地点都可以连接。

（2）准确性和实时性。由于有了上述灵活性和移动性的特点，只要有网络覆盖，任何时间都可以接收信息，任何时间都可以处理信息。信息的重要性和时效性都得到了保障。

（3）定位性和感应性。我们所使用的一些移动终端屏幕都是具有感触性的，无论是在拍照、摄影，还是使用二维码的扫描功能时，都会使用到感触层面的功能。还有一些比如生活中常见的磁场、重力感应或者温度、湿度感应。LBS 的定位功能，既可以获得我们所使用的移动终端位置，又可以分析它的移动趋势，从而判断出未来的走向。因此移动互联网具有十分可靠的定位功能和预测功能。

（4）保密性。移动互联网络和移动终端的基本情况会限制移动互联网业务的使用情况，因此，为了保障信息的安全性和保密性，在使用过程中需要根据不用的类型进行划分，以匹配相应的网络技术规格和终端类型。

（5）网络的局域限制。在方便移动的同时，移动互联网也有来自网络能力和终端能力的限制。

3. 移动互联网的关键技术

移动互联网主要包括移动终端、网络服务平台、应用服务平台和网络安全控制等关键技术。

（1）移动终端技术。

移动终端技术主要分为以下几类。分别是：终端先进制造技术、终端硬件平台技术、终端软件平台技术。终端制造技术是一类集成了机械工程、自动化、信息、电子技术等所形成的技术、设备和系统的统称。终端硬件平台技术是实现移动互联网信息输入、信息输出、信息存储与处理等技术的统称，一般分为处理器芯片技术、人机交互技术等。终端软件平台技术是指通过用户与硬件间的接口界面与移动终端进行数据或信息交换的技术统称，一般分为移动操作系统、移动中间件及移动应用程序等技术。[21]

（2）网络服务平台技术。

网络服务平台技术是指将两台或多台移动互联网终端设备接入互联网的计算机信息技术的统称，其核心是利用技术把不同的移动互联网终端设备与互联网接通，形成设备网络互联。

一是移动通信网络技术。移动通信网络自 1G 时代开始，经过不断发展和探索，经历了 2G、3G 时代，目前已成功部署了 4G 网络，并逐步加快了 5G 通信技术的研发。预计 2020 年，5G 网络时代将会到来，移动互联网技术的各项指标将大幅度提升。与 5G 阶段的目标比较，当前的数据流量仅为其 1‰，入网设备数量、用户数据速率仅为其 1%，电池续航能力仅为其 1/10，端到端时延则长达 5 倍。

二是无线局域网技术。通过采用 802.11ad 标准，无线局域网基于接入点（AP）监测、管理与安全控制、无线网络控制器（AC）接入管理，可实现 AC-PC 体系架构和 WLAN 解决技术。

三是无线 MESH 网络技术。应用 MESH 路由器，除少数网关以有限方式连接外，骨干网络均采用无线技术连接。WMN 技术则采用多跳无线网络技术。

四是其他接入网络，采用 NFC、IrDA、Ziigbee、UWB、Bluetooth 技术，实现小范围的无线局域网（WPAN）。

紧密耦合和松耦合构成异构无线网络架构的基本类型。其中，紧密耦合的无线接入系统按主从关系构成框架；松耦合的无线系统不存在上述主从关系。

移动网络管理技术包含两种类型：IP 移动管理技术、独立媒体切换协议。IP 移动技术是以网络层为基础的移动性管理技术，能在异构的无线网络中，使用移动终端漫游，IPv6 技术是目前发展迅速的移动网络管理技术，该协议具有较高的安全性，且有充足的地址空间。基于 IPv6 技术，用户可实现地址自动配置，三角路由的问题实现了高效率解决。为了实现异构网络间的互操作，达到自由切换，可采用媒体独立切换协议，即 IEEE802.21协议。

（3）应用服务平台技术。

基于各种协议，形成应用服务平台技术，可将相关应用提供给移动互联网终端，具体可采纳的技术如：P2P、RSS、Mashup、Widget、HTML5.0 等。

● 云计算技术。云计算是指服务的交付和使用模式，即通过网络以按需交易扩展的方式获得所需的服务。这种服务可以是与 IT（信息技术）、软件和互联网相关的，也可以是其他任意服务。[22]基于云计算技术，软硬件资源可以实现高效率共享，计算机及其他设备可获取需求信息，云计算的本质是采用计算机技术，对网络连接的数据资源进行统一管理、规范调度，可采取计算资源池，不断按用户需求，提供支持其良好使用体验的服务。云计算技术基于分布式计算机，海量计算模式，不同于以往由远程服务器、本地计算机实现的运算模式。

● HTML5.0 技术。在先前的 HTML 版本基础上，增加了创新的属性和元素，如：嵌入交互式文档，客户端数据、音频、视频、图片函数的存储，在此基础上，内建了 WebGL 技术标准，可加速网页 3D 界面生成，有利于用户使用搜索引擎，开展索引整理；还可帮助用户在小屏幕装置中使用该技术。

● Widget 技术。Widget（中文译名为微件）是基于代码复用思想的技术。该技术采用在 Web 页面上可执行的代码，采用丰富的表达媒介，如地图、视频、小游戏等。Widget 较常使用的代码包含 JavaScript、DHTML（动态超文本标记语言），以及 Adobe Flash 等形式。

● Mashup 技术。Mashup 为一种基于网络的内容继承技术，可通过功能的整合，将不同渠道获取的元数据聚合，构成面向用户的全新服务。Mashup 高度注重可用、易用的交互体验。因此，没有程序开发背景的人员，亦可借助图形化界面，轻松创建 Web 服务，形成资源聚集和共享中心。Mashup 采用 Web 2.0 技术，开放 API、ATOM 或 RSS 方式，聚合资源与内容，通过与 AJAX 技术的结合，提升用户的交互体验。由于 Mashup 技术具有高度的灵活性、可复用性、简化性，被广泛应用于地图 Mashup、新闻 Mashup、微博 Mashup、搜索和购物等领域，用于支持用户丰富而愉悦的交互体验。

● RSS 技术。RSS 又称聚合内容技术，是一种应用于信息服务站点的简单 XML 技术。用户使用该技术，可获得经过选择和汇总的 Web 站点内容。该技术具有聚合性、实时性、低成本和个性化特点，可对不同格式、不同需求的内容信息进行聚合、分类，高速传播至用户阅读器，由用户完成保存和分类管理。由于该技术具有简单易用、及时更新、多重用途、可扩展的优势，被广泛应用于新闻阅读、网站博客、电子商务等领域。

● P2P 技术。P2P 又称对等技术。该技术采用分布式网络结构模型，通过文件、语音、流媒体 P2P 技术，实现计算机系统间的直接通信，达到计算机资源和网络带宽的共享和高利用率。基于 P2P 网络，每台计算机既充当客户机，也扮演服务器的角色。P2P 技术具有充分的便捷性和高效性，可实现系统间直接的数据通信，充分利用边缘性网络资源，消除服务器的技术瓶颈限制。基于 P2P 技术的 Internet 网络具有高度的动态性，网络服务能力受到各客户机联入时间、频度、共享空间容量的影响。目前，P2P

技术被广泛应用于网络游戏、文件交换、搜索引擎、对等计算、协同工作等领域，具有广阔的商业和市场应用前景。

（4）网络安全控制技术。

● 信息加密技术。为了保障信息和数据安全，可使用 RSA 技术、SSL 技术生成常规或公开秘钥，对文件进行加密处理；或采用 VPN 技术，对目标路由器硬件进行加密处理，防止数据传输过程中被篡改和泄露。

● 身份确认技术。信息接收方首先确认信息发送方的合法身份，再建立信息链接。可采用直接信任、第三方信任的方式，对身份进行校验。采用用户认证、信息审核、口令认证、数字签名形式，验证用户身份，提高网络安全性，减少运行风险。

● 防火墙技术。通过网络通信检查、控制通信门槛，形成内网和外网之间的隔离和阻止机制，控制对网络和服务的访问，从而保护计算机免受恶意病毒的攻击。应用防护墙技术，可对 IP 地址进行有效的审核，将数据自动转移至安全的网络地址，从而保障网络运行安全。

● 入侵检测技术。自动识别、发现数据中的异常信息，发出报警信号，保证计算机系统安全。

● 交换式局域网技术。采用逻辑拓扑结构，在局域互联网中实现以交换机为中心的网络安全技术。

● 数据安全存储技术。基于数据恢复与存储技术，对系统资源进行整体、多层次的备份。使用容量大的服务器，安装用户端、服务器端软件，将数据集中备份于服务器中。在数据文件丢失或被破坏时，可对系统的软硬件进行统一修复。

● 安全扫描与漏洞检测技术。该系统可对网络信息进行采集、检测安全漏洞，对可能受到的攻击进行分析和预先评估，深入了解系统的安全性与可靠性。

3.2.2　天地一体网络技术

1. 天地一体网络的内涵

天地一体化信息网络是通过卫星、飞机、飞艇以及地面站间链路链接地面、海上、空中和太空中的用户、飞行器以及各种通信平台，采用智能高速处理、交换和路由技术准确获取、快速处理和高效传输信息的一体化高速宽带信息网络，即天基、空基和陆基一体化综合信息网络。[23]当前世界各主要发达国家对地一体化信息网络高度重视。

2. 天地一体网络的特点

与地面通信网络相比，由于应用环境的不同，天地一体网络具有其自身技术特点。一是网络规模庞大、广域无缝覆盖，特别是对地观测网络和空中交通管制网络，更要求对全球各区域进行全天时、全天候，无缝通信、导航、观测和监视的覆盖，区域广泛、节点种类和数量繁多，网络结构复杂；二是网络拓扑时变、灵活机动，需要具有应对突发事件的应急组网能力，组网结构动态可变、运行状态复杂；三是多功能融合、信息协同能力强，它可针对不同的应用服务对各种信息资源进行管理、协调及优化，信息交换处理一体化，最大限度地开发、利用各种信息资源。

3. 天地一体网络的技术体系

天地一体化信息网络技术体系包括技术体制和网络系统设施等两大方面。其中，技术体制方面包括：网络体系架构、功能指标体系、星座及组网、频谱及轨位协同、信息传输体制、多维度路由交换、业务服务体制设计、多层面安全防护、一体化运维管控等；网络系统设施方面包括：天基骨干网、天基接入网、地基节点网、用户终端网、天基信息港和地面信息中心等。

4. 天地一体网络的关键技术

天地一体化网络是国家重大信息基础设施，可将人类活动拓展至空间、远海乃至深空。它以先进的网络通信技术，将太空、临空、天空和地面等基本平台构成无缝连接的一体化信息网络，不仅面向可见光、紫外、红外、太赫兹、雷达、高光谱等多谱段信息，而且支持高速、宽带、大容量信息传输，能为各类用户提供安全可靠、不间断、实时、按需服务的信息。其涉及的关键技术众多，主要包括：天网地网体系结构构建技术、天地一体网络协议体系构建技术、天地信息融合移动接入技术、天地一体化多层面网络安全保密技术和天地一体化多层级网络运维管理技术等。

3.2.3 网络通信基础技术

1. 通信网络技术

通信网是由一定数量的节点和连接这些节点的传输系统有机地组织在一起，按约定的信令或协议完成任意用户间的信息交换的通信体系。从硬件结构看，通信网由终端节点、交换节点、业务节点和传输系统构成，其硬件功能是完成接入交换网控制、管理、运营和维护。从软件结构看，通信网有信令、协议、控制、管理、计费等要素，其功能是完成通信协议以及网络管理来实现相互间的协调通信。功能通过保持帧同步和位同步、遵守相同的传输体制实现。

一个完整的通信网主要包括业务网、传送网和支撑网。其中，业务网负责向用户提供各种通信业务，其技术要素主要包括：网络拓扑结构、交换节点技术、编号计划、信令技术、路由选择、业务类型、计费方式、服务性能保证机制。传送网独立于具体业务网，负责按需要为交换节点/业务节点之间的互连分配电路，提供信息的透明传输通道，包含相应的管理功能，其技术要素包括：传输介质、复用体制、传送网节点技术等。支撑网提供业务网正常运行所必需的信令、同步、网络管理、业务管理、运营管理等功能，以提供用户满意的服务质量，其技术要素包括：同步网、信令网、管理网等。

通信网按业务类型可分为电话通信网、数据通信网和广播电视网等；按空间距离可分为广域网、城域网和局域网；按信号传输方式可分为模拟通信网和数字通信网；按运营方式可分为公用通信网和专用通信网等。

计算机网络是利用通信设备和线路，将分布在不同地理位置的、功能独立的多个计算机系统连接起来，以功能完善的网络软件（网络通信协议及网络操作系统等）将所要传输的数据划分成不同长度的分组进行传输和处理，从而实现网络中资源共享和信息传递的系统。其主要目的是实现计算机的共享软硬件资源、数据通信、提高计算机系统的可靠性和提供综合信息服务等。

2. 高性能计算技术

高性能计算（High Performance Computing，HPC）是一种综合技术和研究方法，从改善算法、软件和体系结构等多种途径，提升计算机的运算性能。高性能计算机可以从深度上提升计算机的单机运算能力。通过采用更先进的半导体技术、电路工艺、新材料新工艺，形成更强大的 CPU 处理能力。基于单机运算能力提升，可采用超级计算机技术，但该技术价格昂贵、性价比较低；或采用多核 CPU，在一定范围内提升运算速度，但增加的 CPU 数量有限。

高性能计算机的主流方式和未来发展趋势是：从广度上提升多台计算机联网的运算能力。其体系结构主要包括：星群（Constellation）、并行向量机系统（Parallel Vector Processors，PVP）、对称多处理器（Symmetric Multiple Processor，SMP）、分布共享存储/非一致性访问分布共享存储

（DSM/NUMA）、大规模并行处理机（Massively Parallel Processor，MPP）、工作站集群（Cluster of Workstations，COW）、网格计算、云计算、GPGPU技术。目前，高性能计算技术已广泛应用于虚拟仿真、气象预测、汽车生产等不同领域，成为国家产业发展的重要支撑技术。

（1）网格计算。

为了获得更强大的计算能力，网格计算技术可以将任务分解，分配给网络上空闲的计算机、存储器，通过将数据汇聚集中，形成比单独计算机更强大的虚拟计算机，满足用户对计算速度和存储容量不断增长的需求，使信息世界构成有机、统一的整体。由网格计算技术构成的网络具有无限可扩充性，计算能力在 CPU 数量上不受限制。

（2）云计算。

云计算技术能够将数以亿计的联网计算机进行虚拟化，对其进行统一的控制和调度，构成动态、生态化的资源池，为用户提供个性化的服务。能够汇聚和提供资源的网络被称为"云"。云计算与网格计算相同，都可提供无限延伸的网络平台。云计算形成的网络较网格计算支持的网络，更具动态性，可以按照用户所需，随时调整资源的调配。

（3）GPGPU 技术。

GPGPU 为通用图形处理技术，基于 CPU 进行串行测试，采用 GPU 开展大规模并行计算，运算能力可提升几倍至数十倍，将 PC 机的运算性能提升至高性能计算机水平。目前常采用 CUDA 技术和 Stream 技术。

未来，云计算、GPGPU 技术将逐渐取代网格计算技术，成为高性能计算技术发展的重点方向。

3.3　云计算技术

2006 年 Google 推出了"Google 101 计划",首次正式提出了"云计算"概念。短短数年间,"云计算"这种通过网络按需获取计算资源的崭新技术正在给信息技术领域带来巨大的变革。[24]当前,世界各主要发达国家竞相制定了系列国家计划来发展云计算技术,国内外诸多著名信息通信技术企业也纷纷推出了云计算相关的系统和产品,而学术科研界也对云计算技术积极开展研究并不断深入。

3.3.1　概念与特点

有关云计算技术的概念,自提出以来一直众说纷纭,总体来说可从以下几个方面来认识。

(1)云计算技术包括云计算服务和云计算平台两个概念,它不仅是一种商业模式,还是一种技术实现机制。云计算服务代表一种新的商业模式,要面向海量用户提供永远在线、随时访问的可用服务,而且支持多用户按需获取服务资源,并保证服务的可靠性。云计算平台是云服务理念实现的一整套技术机制,类似一个操作系统,管理着一个"可扩展的网络超级计算机"。针对不同应用需求,云计算平台可快速调动各种软、硬件资源协同工作,完成计算、存储和沟通服务,用户无需关注实现细节。

(2)云计算技术是网格计算、分布计算、并行计算的延伸与发展。

(3)按照构成云的网络不同,可以分为四种部署模式:私有云、社区云、公有云和混合云。

云计算服务的特点包括：

（1）按需自助服务性。用户可以根据应用的需求，随时随地动态、敏捷地获取云计算服务资源，并可按量进行计费。

（2）高层次虚拟化。所有的资源（包括计算、存储、应用和网络设备等）均连接在一起，由云计算平台进行管理调度。

（3）高可靠性架构。云计算平台服务对上层应用透明并具备高可靠性的 IT 架构，服务提供商负责处理底层架构中的安全性、可用性和可靠性的所有问题。企业可借助云计算的基础软件技术，完成从传统结构向全新 IT 架构的平滑迁移之后，像使用单机一样使用计算机集群，以极低的管理成本，获得巨大的存储空间和计算能力。

（4）商业实用性。云计算技术采用"无共享"架构，各节点相互独立且资源可自我满足，系统内因此不存在资源争夺，可扩展性得到保证，支持计算资源的全面共享，对技术应用的投入和产出考虑较多，具有明显的商业实用性。

（5）高通用性。云计算平台采用"面向服务架构"思想，实现大范围的服务的模块化、流程化和松耦合，可进行底层硬件资源和上层应用模块的自由调度。企业可通过资源和模块重组，快速完成整个业务系统的功能转变，满足不同的业务需要。

3.3.2 服务模式

目前，较为公认的云计算服务模式主要包括：软件即服务（Software as a Service，SaaS）、平台即服务（Platform as a Service，PaaS）以及基础设施即服务（Infrastructure as a Service，IaaS）三种。

（1）软件即服务：各种互联网及应用软件即是服务，或称"按需提供的软件服务"，是一种通过互联网提供软件及相关数据的模式，用户可以按使用付费，通常使用浏览器通过互联网远程访问并使用的特定软件，无需购买软件，并将其安装于电脑上。

（2）平台即服务：以服务的形式交付计算平台和解决方案包，提供应用创建、应用测试及应用部署的高度集成环境，用户无需购买和管理底层的软硬件，也无需具备设备管理能力。

（3）基础设施即服务：在此服务模式下，消费者获得处理能力、存储、网络和其他基础计算资源，从而可以在其上部署和运行包括操作系统和应用在内的任意软件。

3.3.3　技术体系

随着云计算应用的逐步深入及产业的不断发展，围绕实现云计算模式全生命周期活动有关的总体、感知、虚拟化、构建、运行、评估、应用及运营等技术正逐步形成一个相对完整的技术体系。

（1）总体技术。

云计算总体技术主要是从系统的角度出发，研究云计算系统的体系结构、服务模式、支持云计算实施的系统集成技术及其相关标准和规范等。

在云计算系统体系结构方面，国内外学术界已经开始尝试规范化云计算系统的体系架构。Youseff 等提出了基于云计算三种服务模式的云层次栈体系结构，Lenk 等则对云层次栈体系结构进行了细化。作者团队结合近年来的研究与实践，提出了一种面向服务的层次化云计算系统体系架构，如图 3-1 所示。

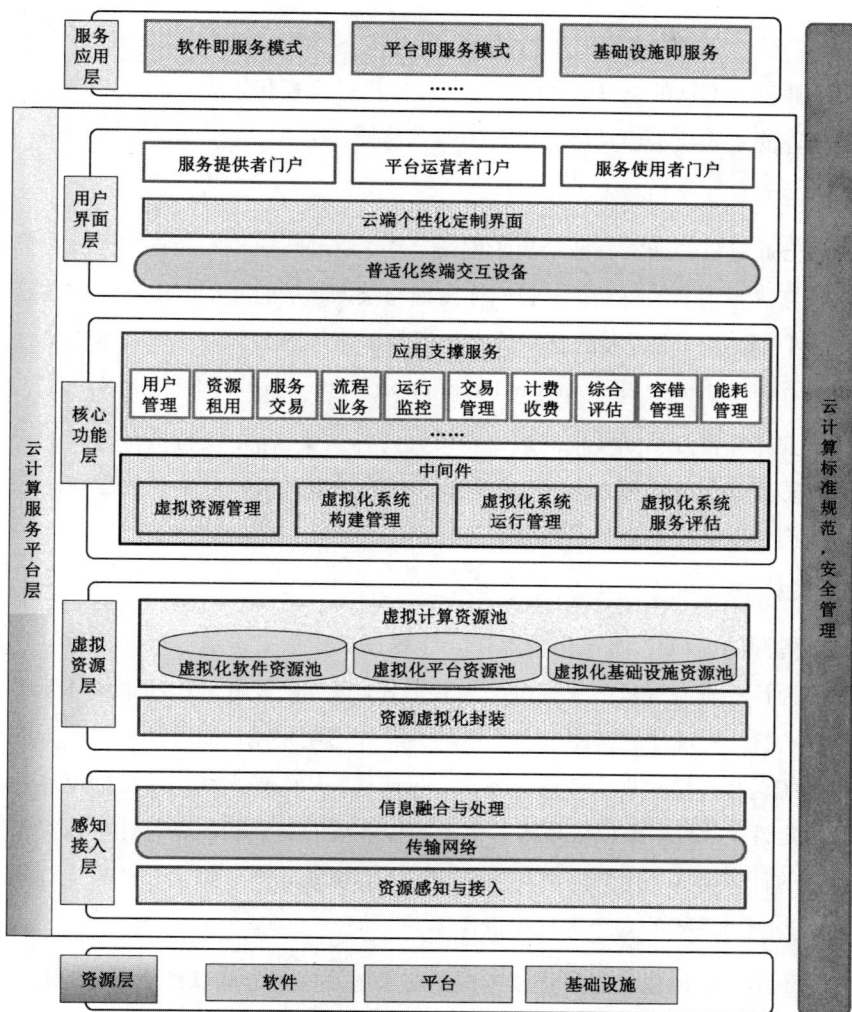

图 3-1 一种面向服务的层次化云计算系统体系架构

在系统集成方面，各类异构云系统的集成技术是当前研究的主要内容，目前已形成了两类主流方法：一类是"总线"集成，如 CloudSwitch 通过抽象各类云平台的应用程序和接口，为异构云系统提供总线化的集成服务；另一类是正在开展中的技术，即建立各类集成接口标准，使各类云系统通过标准化的 API（应用程序接口）进行交互和集成。此外，基于服务计算的集成技术也是值得研究的技术途径。

（2）资源感知技术。

云计算资源通常分散部署于网络之中，通过感知技术能够实现各种分布计算资源服务的自动化、智能化发现与接入，从而支持云服务的按需获取。目前取得一定进展的感知技术包括基于语义的云服务感知技术以及分布式资源描述框架（Resources Description Framework，RDF）技术。

云计算资源感知技术的进一步研究内容主要包括：支持资源接入的新型传感器（如光纤接入），海量感知数据的动态采集、分析与处理，感知网络构建以及智能感知系统等。

（3）资源的虚拟化/服务化技术。

资源的虚拟化/服务化技术在云计算技术体系中扮演着重要角色。它能够为计算资源提供统一标准的封装形式，以屏蔽硬件架构和系统环境等的异构性，实现计算资源最大程度的共享和透明使用；同时还可以使云应用系统运行环境实现高效的热备份、热迁移，从而提高系统运行的可靠性和稳定性；此外，虚拟化技术带来的虚拟环境的封装和隔离特性可以提供有效的计算资源、用户隔离与安全保护，实现独立的虚拟化云计算运行环境，为应用系统的安全运行提供保障。

资源的虚拟化、服务化技术根据对象的不同可分成软件资源虚拟化、平台资源虚拟化、基础设施虚拟化等。目前较为成功的虚拟化产品主要有 Citrix Xen、VMware ESX Server 和 Microsoft Hype-V 等。

资源的虚拟化、服务化技术进一步的研究内容包括：支持语义的资源服务化统一描述模型、形式化描述机制、服务化封装与发布、云服务综合管理等技术。

（4）云服务环境的管理与构建技术。

云服务环境的管理技术主要包括研究云环境中计算设施、软件、平台等各类资源的属性和（运行）状态的管理技术，以及涵盖云计算资源的注册、注销、分配、回收、部署、执行、配置及监视等服务全生命周期的资源管理技术。典型的服务环境管理产品主要有 Platform EGO、IBM Websphere、JBOSS 等。

云服务环境构建技术主要用于实现云计算服务的按需构建。目前较为成熟的云服务环境构建技术包括应用交付技术以及思科的 CloudVerse 技术，通过多应用的、统一的资源调度引擎来满足多用户复杂、动态的使用需求，并对后端资源状态进行实时监控，以实现智能化资源调度与动态分配策略。

管理与构建技术进一步的研究内容包括：完善资源库服务构建、云服务调度优化（如多层次计划优化、动态统筹与智能调度、云服务交易管理）、云服务平台核心支撑引擎、管理器以及云企业的构建方法、运行流程和管理模式、资源统筹、控制与调度等。

（5）虚拟化云服务运行技术。

虚拟化云服务运行技术主要解决云计算服务在应用运行中的高效性、可靠性问题。MapReduce 是目前实现云服务高效化的主流技术手段。MapReduce保证了后台复杂的并行执行和任务调度，并向用户和编程人员透明，从而能支持云服务的并行化高效运行。可靠性的核心问题是实现云服务的容错迁移。基于虚拟化技术实现服务的实时监控与无缝迁移是目前云服务容错迁移研究的热点，VMware 的 VMotion 是该技术的典型产品之一。

虚拟化云服务运行技术进一步的研究内容包括虚拟化资源动态优化配置，容错、监控技术，云服务智能匹配和组合，云服务优化配置机制与算法以及虚拟资源池管理等。

（6）云服务评估技术。

云服务评估技术的核心是给出评定云服务质量的一系列指标与评估方法，从而指导相应的云服务选择、计价、运营等活动。

除了基于 QoS 的传统服务评估体系的方法外，针对云服务特点，目前已经形成了以服务水平协议（SLA）以及亚马逊 EC2 服务弹性计算单位等为代表的云服务评估技术。

云服务评估技术进一步的研究内容包括对云计算服务的性能、可靠性、通用性、成本及应用风险等服务质量进行评估的指标与方法。

（7）可信云服务技术。

可信云服务技术能够保证云计算系统中服务过程的安全可信。目前代表性的可信云服务技术包括云可信权威（Cloud Trust Authority）服务以及我国趋势科技、瑞星等企业率先提出的云安全技术。

可信云服务技术进一步的研究内容包括安全认证机制与可信监控、云平台交易数据保障、服务可信网络构建，以及计算资源/能力可信接入等。

（8）普适人机交互技术。

普适人机交互技术主要指结合普适计算、移动互联、多媒体等技术，为云计算用户提供友好、普适的人机交互环境的技术。普适人机交互技术目前正在向云端化、移动化、绿色化的方向发展。国内外知名 IT 企业纷纷推出各自的云端产品，如 NComputing 云终端、我国联想公司推出的虚拟云终端等。

普适人机交互技术进一步的主要研究内容包括：面向云服务环境的界面应用逻辑分离、普适交互的界面计算服务、面向普适用户的服务资源可视化以及接口标准等。

3.3.4　典型云计算系统与技术

（1）典型 IaaS 系统与技术。

Amazon EC2。EC2（Elastic Compute Cloud）是互联网最大的在线零售商之一 Amazon 于 2006 年发布的云计算平台，开创了全球将基础设施作为服务出售的先河。EC2 可以有效解决计算基础设施的合理利用问题。该弹性计算云由 Amazon Machine Image（AMI）、EC2 虚拟机实例和 AMI 运行环境组成。AMI 是一个用户可定制的虚拟机镜像，能够弹性扩展与组合，从而满足不同的用户需求。EC2 使用 Xen 虚拟化技术将弹性计算云按用户需求部署在公司内部集群计算平台上，并通过服务弹性计算单位对 IaaS 服务进行评估和计价。EC2 用户只需为自己所使用的计算平台实例付费，而不必自己去建立云计算平台，节省了设备与维护费用。

曙光（CloudView）。中国曙光公司开发的云平台管理软件 CloudView 实现了以 IaaS 为主的计算资源服务，提供了资源快速部署与按需分发、用户资产租赁服务、系统全局安全保障等功能。CloudView 系统架构如图 3-2 所示，面向公有云和私有云的云计算中心，通过网络将 IT 基础设施资源、软件等资源按需提供给用户使用，支持 IaaS 服务，并通过部署平台服务软件和业务服务软件来兼顾对 PaaS 和 SaaS 的支持。CloudView 云计算管理系统采用模块化、可插拔的设计理念，向用户提供按需使用、易于管理、动态高效、灵活扩展、稳定可靠的云计算中心。

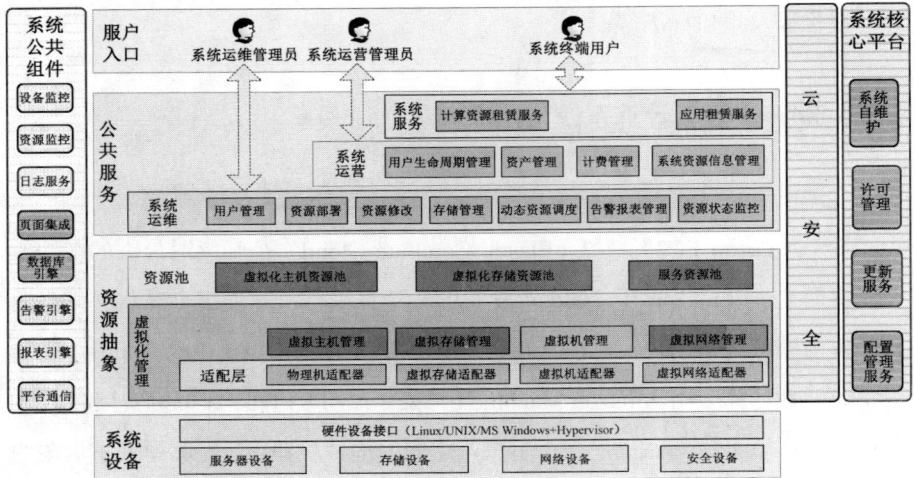

图 3-2　CloudView 系统架构

（2）典型 PaaS 系统与技术。

Google AppEngine。Google AppEngine 是 Google 于 2008 年 4 月发布的一个 PaaS 平台。目前该平台支持用户使用 Python 语言和 Java 语言在 Google 的基础架构上开发和部署运行自己的应用程序，且每个应用程序使用的带宽与 CPU 都可支持每月 500 万综合浏览量，同时每个应用程序还可以持久使用达到 500MB 的存储空间。Google AppEngine 系统主要包括编程语言运行环境、分布式数据库、安全认证等模块。AppEngine 基于 MapReduce/Bigtable 技术实现了用户数据的分布式存储与高效处理，并利用 Sandbox 技术将用户开发的应用程序隔离在有效维护的安全环境中，保证了开发平台服务的可靠性。

（3）典型 SaaS 系统与技术。

在工业生产和监控管理过程中无时无刻不在产生海量的数据，比如生产设备的运行环境、机械设备的运转状态、生产过程中的能源消耗、物料的损耗、物流车队的配置和分布等。而且随着传感器的推广普及，智能芯片会植入到每个设备和产品中,如同飞机上的"黑匣子"将自动记录整个生产流通过程中的一切数据。Salesforce 的 CRM 平台主要包含基础架构与物理资源层、中间平台层和商业应用层三大部分。其核心在于利用可重用的云计算平台组件构建商业应用门户,客户只需基于浏览器的简单交互即可使用 Salesforce 提供的 SaaS 服务。Salesforce 的 SaaS 技术在云计算的商业模式技术(多点租用架构)、运行技术(元数据驱动的开发模型),以及集成技术(Web Services API)等方面具有创新性。

3.4 工业大数据技术

信息技术的加速发展在重塑自身的同时也在重塑全球市场和人们的工作生活方式。特别是在工业生产领域,随着高性价比、长续航的微型传感器的面世和以物联网为代表的新一代网络技术的发展,许多物理实体具备了感知能力和传输表达能力,海量工业数据采集与传送已经突破了时间和地点的限制,而以云计算为代表的新型数据处理技术能够大幅降低工业数据处理的技术门槛和成本支出,工业大数据时代呼之欲出。工业大数据将成为工业互联网取得真正意义上企业应用价值的制胜关键,也是中国制造 2025、工业互联网、工业 4.0 等国家战略在企业的落脚点。

3.4.1 工业大数据的来源

在工业生产和监控管理过程中无时无刻不在产生海量的数据,比如生产设备的运行环境、机械设备的运转状态、生产过程中的能源消耗、物料的损耗、物流车队的配置和分布等。而且随着传感器的推广普及,智能芯片会植入到每个设备和产品中,如同飞机上的"黑匣子"将自动记录整个生产流通过程中的一切数据。

我们认为，包括人、财、物、信息、知识、服务等在内的生产要素在制造全系统和全生命周期中的组合、流动会持续不断地产生 Volume（体量浩大）、Variety（模态繁多）、Velocity（生成快速）和 Value（价值密度低）的大数据。工业大数据的主要来源，主要来自以下三个方面（如图 3-3 所示）。

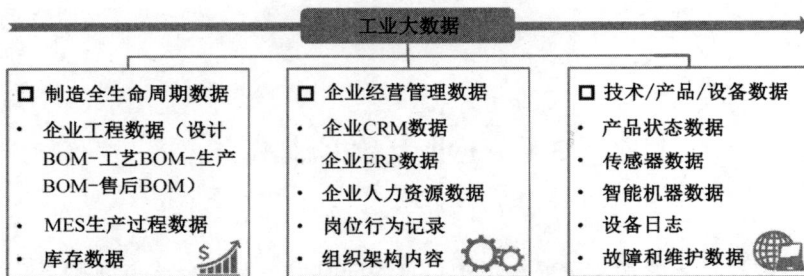

图 3-3　工业大数据的主要来源

3.4.2　工业大数据的分类和特点

无论是德国的工业 4.0、美国的"工业互联网"还是中国的"两化融合"战略，工业大数据的分析和应用都是基础和落脚点，而大数据的分析与应用离不开数据的采集和传输。随着大数据行业的发展，工业数据收集呈现时间维度不断延长，数据范围不断扩大、数据粒度不断细化的趋势。而以上三个维度的变化使得企业所积累的数据量以加速度的方式在增加，最终构成了工业大数据的集合。而工业大数据也具备大数据的全部 4V 特征。

Volume（大量）：数据体量巨大。以典型智能工厂项目工控网络数据存储为例，一个传感器每秒产生 8000 个数据包，网络中超 1 万个传感器，每秒产生 800MB 的传感数据，每月产生的传感数据为 2.5TB。如此庞大的传感数据对数据存储、并发处理的要求极高。

Velocity（高速）：数据产生速度快，处理速度快。目前智慧制造云运行中产生的数据从 PB 级至 EB 级不等，并呈快速增长趋势，从这些海量的数据中提取数据速度的快慢决定了智慧制造云平台提供服务的效率。

Variety（多样）：数据类型繁多。智慧制造云产生的数据由结构化数据和非结构化数据组成。其中结构化数据以网络数据包为主，非结构化数据则包括音频、视频、图片及地理位置信息等。这些复杂的数据类型需要有更高的数据存储、提取及加工分析能力。

Value（价值）：价值密度低。价值密度是指有价值的数据量与数据总量的比值，如何在智慧制造云产生的海量数据中提取有价值的信息是大数据平台建设的关键所在。以设备远程运维为例，在不间断的监控过程中，可能有用的数据仅仅只有一二毫秒。

从数据产生频度的视角来看，工业大数据可分为三类：第一类是静态数据，如企业信息、资料数据、经验公式及专家知识等不变化或者极少变化的数据；第二类是动态数据，如设计模型数据、库存管理、用户反馈等由个人或群体维护的数据，其产生频度在多数情况下通常远低于计算机处理的指令频度；第三类是实时数据，由产品、设备、传感器等实时产生的模拟、数字信息，产生频度较高。

从企业生产经营的视角看，工业大数据按照不同环节不同用途可分为三类。第一类是经营性数据，主要反映企业的经营管理资源和经营成果，包括企业内部的人财物及与企业经营活动密切相关的供应商、客户和其他合作伙伴等基础信息；第二类是生产性数据，主要反映企业的生产能力，覆盖产品的整个生命周期，包括产品研发设计、原材料准备、工艺流程、产品及售后服务各个环节的基础数据；第三类是环境类数据，主要反映生产保障能力、质量控制及生产合规情况、包括设备运行环境、温度湿度、噪音、空气、废水废气排放以及能源消耗等。生产环境会影响产品的质量，所以环境数据的动态监测可以反映工业生产过程是否符合国家或行业标准，是否处于正常状态等。

从目前数据应用情况看，经营类数据的利用率要高于生产性数据和环境数据。但随着工业互联网的应用推广，协同设计、协同制造及供应链协同产生的效益越来越被人们发现和重视，覆盖产品全生命周期各环节以及产品质量与能效控制的数据应用会越来越广泛。

3.4.3　工业大数据的关键技术及其特点

工业大数据包括了数据集成与清洗、存储与管理、分析与挖掘、标准与质量体系、大数据可视化，以及安全技术等方面的关键技术（如图 3-4 所示）。

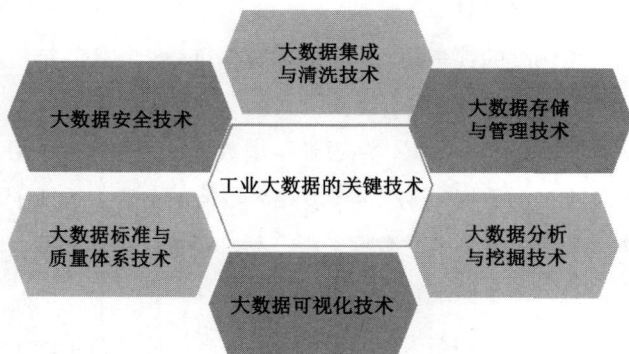

图 3-4　工业大数据的关键技术

大数据集成与清洗技术。大数据集成是把不同来源、格式、特点性质的数据有机集中，这种集中包括在逻辑和物理两种形式。大数据清洗是将在平台集中的数据进行重新审查和校验，发现和纠正可识别的错误，处理无效值和缺失值，从而得到干净、一致的数据。经过大数据的集成和清洗，数据才可以发送到数据中间件系统或存储系统进行后续处理。

已有成果包括：多数据源集成，如 Gobblin/Kettle/Sqoop；数据提纯清洗，如 DataWrangler/Google Refine；实时数据采集，如 Kafka/Flume 等。技术特点包括：能够清洗海量实时数据；工业场景中实时数据源（制造设备、产品及现场产生的大量传感器和工业现场）占比很高；能够实现异构数据类型集成，包括传感数据等轻量结构化数据以及监控视频、图片等非结构化数据。

大数据存储与管理技术。采用分布式存储、云存储等技术将数据进行经济、安全、可靠的存储管理，确定数据优先级，并采用高吞吐量数据库技术和非结构化访问技术支持云系统中数据的高效快速访问。已有成果包括：异地数据存储，如 GFS/Lustre；大数据快速访问，如 FastRAQ/SuperBlock。技术特点包括：能够实现海量数据分布式存储，接入工业互联网的单个智慧工厂每天产生数 PB 数据；为保证实时制造决策与工控指令反馈，需要对各类存储数据快速访问。

大数据分析挖掘技术。从海量、不完全、有噪声、模糊及随机的大型数据库中发现隐含在其中有价值的、潜在有用的信息和知识。已有成果包括：分布式计算引擎，如 Spark/JDBC/ODBC；数据分析算法，如 Q-Learning/Brief Networks；机器学习、交互式分析等。技术特点包括：应用目标导向，工业大数据应用目标广泛，需深度结合应用目标进行特征算法设计；需要建立云制造应用的定量解析或人工智能分析模型。

大数据可视化技术。利用包括二维综合报表、VR/AR 等计算机图形图像处理技术和可视化展示技术，将数据转换成图形、图像并显示在屏幕上，使得枯燥、抽象的数据变得直观且易于理解，并通过交互处理实现基于可视化数据的分析、交流和决策支持。已有成果包括：多维数据分析展示，如 Analytics/Pentaho；交互式数据展示，如 Tableau/ManyEyes；虚拟现实/增强现实数据展示。技术特点包括：能够综合处理显示多维度数据，涉及多种维度数据的综合处理与显示；交互式需求迫切，能够支撑制造或企业经营管理决策者基于视觉的交互。

大数据标准与质量体系技术。包括了工业互联网中大数据通用技术、平台、产品、行业、安全等方面的标准与规范，涉及数据规范、标准、控制、监督等技术。已有成果包括：大数据标准体系框架、大数据交易规范体系以及大数据质量管控（数据铁笼）等。技术特点包括：多类型标准需求迫切；交换和交易过程为导向，标准与质量体系聚焦于跨领域数据交换集成和应用数据交易。

大数据安全技术。涉及大数据采集、传输、存储、挖掘、发布及应用等安全，以及用户管控、数据溯源、隐私数据保护及安全态势感知等。已有成果包括：大数据隐私保护，如 RBAC（Rule-based Access Control）；数据水印，如 Patchwork/NEC；数据应用追溯和安全防护，如区块链技术等。技术特点包括：隐私保护要求高、难度大、关联性强；数据产生及应用过程的追溯与保护；大数据交易中的安全技术。

3.4.4　工业大数据的价值实现方式

1. 实现量的积累

随着信息通信技术的不断发展，以智能化生产及工业互联网为代表的第四次工业革命已经拉开帷幕。作为一个全球制造业大国，我国已经具备了比较完善的现代化工业体系，工业品门类众多，品类齐全，生产规模巨大。第四次工业革命给中国带来了巨大的商机，如果我们能抓住机遇，在"世界工厂"的基础上发挥海量工业大数据的价值，有可能缩短在制造业上与德国、美国等发达国家的距离。

工业大数据最终的价值实现是从数据量的积累开始。我国已投入生产线开始有效运转的机器约占全球总量的 8%，全年装机量的增长速度更是远超全球 9% 的平均增长率，达到惊人的 19%。而且国产机器自主研发与生产能力不断提高，应用领域也从高端产业向传统产业推广。在基础设施建设领域，包括高铁在内的建设能力已经开始迈出国门走向世界。随着制造业转型升级，我国将会出现工业 2.0、工业 3.0、工业 4.0 并联发展的局面，庞大的工业生产规模、国产机器的自主研发推广及智能化生产的应用将会使我国大数据实现庞大的规模和惊人的增长速度，包括产品数据、运营数据、价值链数据在内的海量数据的记录传输加工存储，为工业大数据的挖掘和价值发现提供了充分的资料与对象。

2. 分析创造获得质的价值

众所周知，工业大数据可以帮助企业感知用户需求，提高生产效率，改变生产营销模式等，但工业大数据仅仅规模上的突破无法实现以上价值，而且不同类型、不同渠道、不同表现形式的数据给数据存储、清洗、挖掘和提取增加了难度。必须采取融合计算机科学、统计模型、机器学习、专家系统等多种先进的分析技术才能实现海量数据的快速解析、提取、建立关联，进而获得有价值的信息，作为企业决策的依据。目前我国的大数据分析技术尚未成熟，大数据人才缺乏，行业没有形成垄断，通过工业数据分析获得数据质的价值具有广阔的空间。

3. 改进数据质量和数据管理短板

发挥工业大数据价值除了积累相当规模的数据量并提升从海量数据中发掘价值的数据分析处理技术外，数据的质量和数据的管理也至关重要。如前所述，我国工业数据具有一定的规模优势，但数据质量和管理却与发达国家存在较大的差距。主要原因：（1）我国虽然是制造业大国，但不是制造业强国。中国制造大部分处于产业链末端的零部件组装环节，低端产品产能过剩，而高端产品的生产能力缺乏。生产工艺、制造流程等与国际先进水平存在很大距离。（2）在工业 4.0 级工业互联网概念提出之前，我国的制造业主要是通过廉价劳动力获得的低成本竞争优势，劳动密集型的生产模式对于先进的机械设备的依赖度弱。（3）制造企业内部现代化管理水平低，且整个产业链的协同效应差，数据孤岛普遍存在，数据应用基础差。低端的产业链环节、简单的生产流程、对人工的依赖及生产流程和产业链孤立使得从制造企业获得的数据质量差、管理弱、关联度低、数据管理意识弱，大数据的价值难以有效发挥。

3.4.5　工业大数据实施的关键问题

第一，数据质量控制问题。大数据的应用价值将成为未来企业获取竞争优势的关键因素之一。企业的数据资产越来越受到重视。但采用同样的数据采集加工技术，由于加工的原始数据的质量不同，导出的结果及产生的价值天壤之别。低质量的数据不但增加了加工的难度，甚至会产生严重的误导。目前我国工业数据由于数据源头和数据管理意识及能力不足，在数据的一致性、完整性、准确性和及时性方面都存在很多问题，比如物料管理中的一物多码、生产过程中的时标混乱等。数据质量某种程度上决定分析结果的质量，所以当前我国要实施大数据项目必须强调数据质量控制，从源头开始保证大数据应用的实施效果。

第二，多源数据关联问题。大数据时代的工业数据积累因为来源不同而产生高噪音、异构性和海量等特征，使得数据的分析和应用面临很大挑战。通过建立数据关联模型，从多源异构数据中发现数据的关联性对于下一步大数据的集成应用具有重要意义。比如我们提出的中性 BOM 模型，向前关联设计制造，向后关联服务保障，形成星型 BOM 机构，极大地降低数据关联复杂度，解决了生命周期管理过程中的 BOM 结构失配问题。

第三，大数据系统集成问题。通过重构数据支撑平台，打通企业内部各部门、生产各过程数据及企业内部数据与外部互联网数据、半结构化数据与结构化数据的集合通道，实现多源头数据的集成才能降低数据收集成本，发挥数据的真正价值。

3.5 信息安全技术

3.5.1 信息防护技术

随着信息技术的发展，计算机网络系统已经成为人们传递信息的主要途径。而物联网技术的推广应用，使得数据成为企业的重要资源，数据的积累、分析和应用打破了部门和企业的边界，协同效应越来越被人们所重视。但是方便性和安全性有时是矛盾统一体，随着数据信息传输越来越普遍越来越方便，信息的安全防护问题也随之产生。如何以最经济、最有效的方式保护信息安全，已经成为全社会共同关注的问题。所谓信息保护，就是对信息做出具体规定，对危害信息的行为进行分类，以防止这些行为对信息的破坏、泄漏等，用立法及技术的手段，对所包含的信息实施保护。[25, 26]就现代计算机系统而言，保护的信息除了存储于计算机和信息处理设备内的信息外，还包括在通信线路上传输的信息。信息防护立法主要是为了对未经许可的泄露与修改行为做出规范及相应惩处，而信息防护技术则是从技术上保证信息保护的实现。最常用信息防护技术主要包含以下两种：

1. 认证系统

认证理论是一门新兴的理论，是密码学一种新兴的重要分支。在认证理论中，信源识别和发送信息的完整性检验是密不可分的，即通过心眼识别验证发信人是否真实，通过检验信源发送者发送的信息在传送过程中是否被篡改、重放或延迟来确保检验发送信息的完整性。最常用的认证方式包括：用户名/密码方式、IC 卡认证方式、动态口令方式、PKI 认证、生物特征认证和 U-Key 认证等。

需要特别指出的是，认证与保密作为信息安全的两个重要方面具有不同的功能和目的，是两个独立的问题。认证是通过身份识别防止第三方主动攻击，而保密是防止信息的泄露。认证系统无法自动提供保密，而保密也不能自然提供认证。

按照有无条件、有无保密功能、有无仲裁功能及有无分裂可以将认证系统进行不同的分类。

2. 用户口令

识别用户可以有多种方法，用户口令是其中一种常用的方法。用户口令识别主要包括以下几种。

（1）CALL BACK MODEM：CALL BACK MODEM 是通过获得用户的登录户头，挂起，再回头调用用户的终端来实现用户识别。这种方法的优点是系统的用户限制为电话号码存于 MODEM 中的人，杜绝了非法侵入者从其家里调用系统并登录，但因为 MODEM 不能仅从用户发出调用的地方来唯一地标识用户限制了用户的灵活性。

（2）标记识别：标记识别是通过物理介质来完成口令验证。物理介质包括含有一个随机编码的卡，且采用的编码方法使得编码难于复制。通过将卡连入终端读卡机识别器内含编码来自动识别用户，或者辅助同时敲入口令来增加安全性。优点是标识是随机的而且长于口令，缺点是必须配合使用卡与阅读器，给用户带来不便。

（3）一次性口令：一次性口令系统又被称为"询问—应答系统"。和标记识别类似，这种系统也必须通过物理介质才能实现，如手携式口令发生器。用户登录时，系统将一个随机数发送到用户的口令发生器中，用户将发生器上的加密口令发送到系统，系统通过比较用相同加密程序、关键词和随机数产生的口令与用户输入的口令来识别并控制用户登录。这种方法具有灵活性的优点，只对口令发生器提供安全保护而不需要口令保密，用户可以每次录入不同的口令。

（4）个人特征：通过个人特征检测来识别访问者的技术带有实验性特征，价格昂贵且不能达到完全可靠。因为无论是指印、签名还是声音、图案，在远程系统中都存在被非法入侵的风险，非法入侵者可以通过将入侵获得的系统校验信息重新显示来破解此类安全防护。

3. 密码协议

密码协议是利用加密技术实现开放网络安全性和保密性的一种技术。该技术有许多细分研究领域，如身份或信息的认证、模态逻辑、密钥恢复及捆绑机制等。但该技术也存在重大缺陷：如果密码协议逻辑设计不当，则能让攻击者方便地通过漏洞去攻击密码，从而攻破防护堡垒。

4. 信息伪装

随着并行化计算的日新月异和硬件技术的高速发展，强大的计算处理能力使得加密的数据传输也无法保证绝对的安全，而且加密后传输的数据更加容易引起网上拦截者的兴趣，成为黑客攻击的焦点。

因此信息伪装技术作为一种新兴的信息安全技术开始吸引研究者的注意，在某些领域已经开始应用。信息伪装，顾名思义就是将机密资料隐藏到非机密文件中再通过网络传输，其目的在于使隐藏的信息以非机密资料的形式出现而免受网上拦截者的攻击。信息伪装按照处理对象的不同包含叠像技术、数字水印技术和替声技术等。信息伪装技术在保证隐藏数据不被侵犯和重视的同时要在隐藏、传递、破解和提取的过程中不被损毁，而很难有一种方法同时满足隐藏数据量的要求和隐藏免疫力的要求。这正是信息隐藏技术必须面对的挑战。

3.5.2 信息加密技术

信息加密是网络信息安全的核心技术之一，它对网络信息安全起着别的安全技术无可替代的作用。本节公式及图片援引自张晓华的《浅谈几种常用的信息安全技术》。[27]

1. 加解密过程原理

加解密过程可由图 3-5 简单地描述,其中 P 即 Plaintext,代表原文件;C 即 Ciphertext,代表加密后的文件;E 即 Encryption,代表加密算法,则有 $E(P)=C$,即 P 经过加密后变成 C。如果以 D(Decrytion)代表解密算法,则有 $D(C)=P$。即 C 经过加密后的文件再经过解密返回到原文件 P,整个过程可表示成 $D(E(P))=P$。

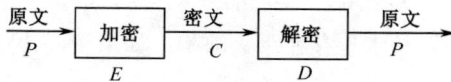

```
原文 ──→ 加密 ──密文──→ 解密 ──原文──→
 P        E      C       D      P
```

图 3-5   加解密过程原理

因为现代的加解密算法一般是公开的,因此需要与一个不公开的密钥结合来满足保密性的要求。以 K 代表 Key(密钥),则根据算法中加密所用的 Key 是否相同分为对称性算法和非对称性算法,其加解密过程原理分别如图 3-6、图 3-7 所示。对称性算法加解密过程即 $E_K(P)=C$,$D_K(C)=P$,$D_K(E_K(P))=P$,非对称算法加解密过程为 $E_{K1}(P)=C$,$D_{K2}(C)=P$,$D_{K2}(E_{K1}(P))=P$。在非对称算法中,($K1$,$K2$)是成对出现的,一个是保密的,称为私钥,另一个是公开的,称为公钥。用其中一个加密的文件只有用另一个才能解密,反向操作是不成立的(不能用加密的密钥去解密)。

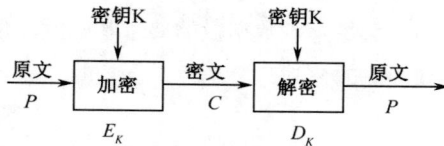

```
        密钥K            密钥K
          ↓               ↓
原文 ──→ 加密 ──密文──→ 解密 ──原文──→
 P       E_K     C       D_K     P
```

图 3-6   对称性算法加解密过程原理

上面的算法中加解密所用的 Key 是相同的，这类算法被称为对称性算法，即 Symmetric Algorithm（有时亦叫单钥），另一类算法则相反，即加解密用不同的 Key（如图 3-7 所示）。

$$E_{K1}(P)=C，D_{K2}(C)=P，D_{K2}(E_{K1}(P))=P$$

这种算法被称为非对称性算法（有时亦叫双钥），其中（k1，k2）是成对出现的，用其中一个加密的文件只有用另一个才能解密，反向操作是不成立的（不能用加密的密钥去解密）。两个 Key 中有一个是保密的，称为私钥（Private Key，由该对密钥的所有者掌握），另一个是公开的，称为公钥（Public Key，任何人都可以掌握）。

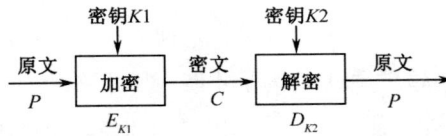

图 3-7 非对称性算法加解密过程原理

一般情况下，公司把公钥发布给它的不同客户，让客户利用这个公钥加密要发给公司的信息，然后传送给公司，公司可以用只有自己掌握的私钥对信息解密。这就是非对称加密技术用作信息反馈加密。

2. 常用加密算法

常用的信息反馈加密方法主要有单钥加密方法：DES 加密算法、IDEA 加密算法、LOKI 算法。公钥体制：RSA 算法、Elgamal 公钥、PGP 等几种。

（1）DES 加密算法。

DES（Data Encryption Standard）是由 IBM 公司在 20 世纪 70 年代提出的，是全球最著名的保密密钥或对称密钥加密算法，该算法在 1976 年 11 月被美国政府采用，并被美国国家标准局和美国国家标准协会承认。

（2）RSA 公钥体制。

RSA 体制是迄今为止理论上最为成熟完善的一种公钥密码体制，由罗纳德·李维斯特（Ron Rivest）、阿迪·萨莫尔（Adi Shamir）和伦纳德·阿德曼（Leonard Adleman）于 1978 年提出。该算法的体制构造是基于 Euler 定理，通过大整数的分解（已知大整数的分解是 NP 问题）实现安全性。

用户首先选择一对不同的素数 p，q 计算 $n=pq$，$f(n)=(p-1)(q-1)$，并找一个与 $f(n)$ 互素的数 d，并计算其逆 a，即 $da=1\bmod f(n)$。则密钥空间 $K=(n,q,a,d)$。以 m，c 分别代表明文和密文，加密过程则为 $ma\bmod n=c$，解密过程为 $cd\bmod n=m$。其中 n 和 a 公开，而 p，q，d 是保密的。在不知 d 的情况下，只有分解大整数 n 的因子才能从公开秘钥 n，a 算出 d。而按照李维斯特、萨莫尔和阿德曼的估算，用已知的最好算法和运算速度为 100 万次／秒的计算机分解 500bit 的 n，分解时间是 4305 年。这样看来，RSA 保密性能良好。

3.5.3　防火墙技术

防火墙是目前使用最广泛的信息安全技术之一。通过设置在不同网络或网络安全域之间的一系列部件的组合来根据设定的安全策略控制信息流在不同网络域间的出入和流动，具有较强的抗攻击能力。设定的安全策略包括是否限制内部对外部的非授权访问及限制外部对系统资源的非授权访问，同时对于内部不同安全级别的系统之间的访问也设置了相应权限。防火墙的隔离作用如图 3-8 所示。

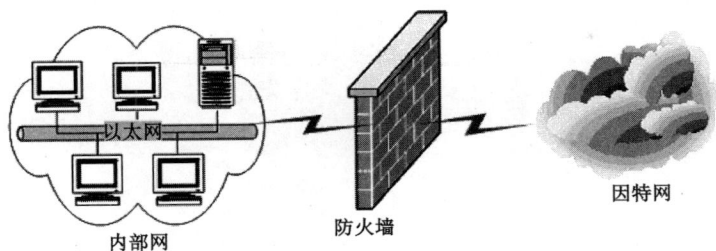

图 3-8　防火墙的隔离作用

　　防火墙的基本思想不是对每台主机系统提供保护，而是通过对信息出入口的控制来提供保护，这便很好地解决了系统安全性水平不一致造成的整体系统安全性问题。设置防火墙的要素包括网络策略、服务访问策略、防火墙设计策略和增强认证策略等。其中网络策略可以分为高低两级。服务访问策略必须在阻止已知的网络风险和提供用户服务之间获得平衡。防火墙设计策略也需要兼顾好用性和安全性。而增强的认证机制因为包含了智能卡、令牌、生理特征等技术克服了传统口令的弱点。

第四章

工业互联网应用技术

网络化协同制造技术

智能制造技术

云制造技术

工业互联网技术的应用和发展，正在引发第三轮工业革命浪潮，不断推动以数字化、网络化、智能化为特征的先进制造技术与制造模式的变革，促进制造业转型升级。目前，网络化协同制造、智能制造和云制造是当前制造业关注和发展的重要方向，也是工业互联网应用的三个主要方向。其中：

网络化协同制造侧重于利用工业互联网提供的跨企业资源共享与协同互操作功能，实现产品及其相关过程的异地、跨企业协同的制造模式。

智能制造则是侧重于通过工业互联网将无处不在的传感器、嵌入式终端系统、智能控制系统、通信设施等集成互联，形成一个工业智能 CPS 系统，使人与人、人与机器、机器与机器以及服务与服务之间能够智能互联，从而实现关键制造环节和工厂的设备、系统和数据的集成优化，以及制造流程与业务数字化管控的智能化制造模式。[28]

云制造是一种"互联网+"时代的智能制造模式、手段与业态，是对工业互联网技术的全面综合性应用。[29~31]云制造基于泛在网络，以按需服务的方式提供虚拟化制造资源/能力，以多学科虚拟样机工程为基础，实现覆盖制造全产业链和产品全生命周期的社会化协同制造，除具备网络化协同制造和智能制造的特点外，更能满足新兴的社会化协作的需求。这三种先进制造模式是工业互联网应用于制造业的主要形态，其关系如图 4-1 所示。

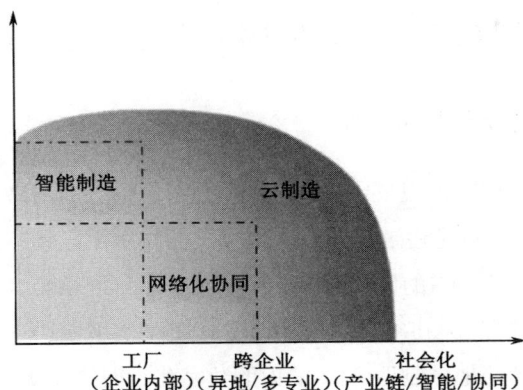

图 4-1　工业互联网应用于制造业的三种先进制造模式的关系

　　网络化协同制造和智能制造针对制造过程不同的阶段和需求，分别侧重跨企业协同和工厂内部的生产制造过程，云制造融合发展了网络化协同制造和智能制造，更能适应未来新型社会化制造模式和业态的需求。

4.1　网络化协同制造技术

4.1.1　应用需求

　　航天、航空、汽车等复杂产品的研制往往涉及跨专业、跨企业、跨地域的网络化协同制造技术，需要根据产品研制需求，动态组建基于项目的IPT（Integrated Product Team）团队，除充分发挥企业本身优势外，还能最大化地利用协作团队的资源和技术，从而快速高效地研制产品，对于提升制造企业研制能力、提高产品研制质量都具有重要意义。网络化协同制造技术的主要应用需求是解决异地、跨企业的设计、生产、维护和经营管理等产品全生命周期并行协同能力的问题。

4.1.2 技术内涵与相关技术

随着工业互联网的发展，网络化协同制造所依赖的网络化环境已经发生了巨大变化，重点是通过工业互联网相关的技术手段和应用模式开展跨专业、跨企业、跨地域的协同设计、协同仿真、协同试验、协同生产、协同保障和协同管理等制造全过程活动，其核心是实现制造活动与过程中跨专业、跨企业、跨地域制造资源/能力的数字化、网络化集成与协同运行。其关键技术主要包括工业互联网环境下的并行工程技术、分布式多学科设计优化技术、多学科虚拟样机建模和仿真技术、MBD-MBE（基于模型定义与基于模型企业）技术。

1. 并行工程技术

并行工程是网络化协同制造的系统方法论。并行工程的概念由美国国防部防御分析研究所（IDA）于 1988 年在 R338 研究报告中提出，即并行工程是对产品及其相关过程（包括制造过程和支持过程）进行并行、一体化设计的一种系统方法。[32, 33]并行工程要求在产品设计之初就充分考虑产品的可制造性、质量要求、成本及进度等关键因素，尽量将产品生命周期各阶段的协同工作前置，以减少设计反复，从而缩短产品研制周期，提高质量和降低成本。

工业互联网环境下的并行工程，将充分引入云计算、物联网等新兴技术，基于资源整合共享模式，通过工业互联网将产品及其设计、仿真、试验、生产、保障和管理等产品全生命周期研制过程集成优化和并行协同，并共享产品及其研制过程的模型、数据，将产品特性、制造需求、顾客要求等信息贯穿于整个产品全生命周期研制活动，强化用户和 IPT 团队在业务过程中按需捕获各类资源、能力和知识，实现基于工业互联网的产品并行协同研制。

基于工业互联网的并行工程进一步打破了产品研制过程设计生产串行、信息集成困难、协同效率低下、设计反复的桎梏。不同专业人员组成的 IPT 团队，基于工业互联网络可以随时随地获得产品及其研制过程信息，并识别产品研制下游相关环节，极大促进了面向制造的设计、面向质量的设计和面向成本的设计等先进设计技术的推广应用，以及设计生产一体化应用，形成了并行协同的群体决策和工作模式，有助于提高产品的研制效率、保证产品质量、降低产品成本。

基于工业互联网的并行工程涉及的关键技术主要包括：

（1）基于工业互联网的 IPT 技术。基于工业互联网共享的工具、知识、人才资源，组成跨企业的 IPT 团队，实现企业间异地、异构设计系统的资源共享和无缝集成，以及产品设计信息的及时发布和反馈，使产品研制流程的后端如制造环境能提前参与到设计过程，缩短设计更改到生产反馈链路，从而提高设计制造协同效率，支撑设计制造一体化协同工作模式。

（2）CAX/DFX 工具软件网络化集成技术。基于工业互联网实现跨专业、跨企业、跨地域设计工具及环境的无缝集成，让产品研制人员专心于产品本身，通过网络按需使用工具/软件构建产品虚拟样机，在产品研发阶段的早期就可以基于虚拟样机分析产品的功能、性能、人机功效及可靠性，从而最大限度地减少设计失误，提高产品的质量。同时考虑 DFX（Design For X），在设计之初就考虑产品的装配、制造和成本等问题，减少设计反复，加快产品的研制速度。

（3）基于互联网的群体设计技术，通过工业互联网集成数据资源、模型资源、知识资源和专家资源，汇聚 IPT 团队群体智慧，同时充分利用工业互联网上的高性能计算能力和仿真分析能力，对产品研制提交物开展相关可制造性、人机工效、成本等指标的群体设计、分析与评审，确保研制各环节传递信息准确性，提高协同工作的智能化水平。

2. 多学科设计优化技术

分布式多学科设计优化技术是复杂产品网络化协同设计的重要手段，是一门典型的交叉学科，起源于航空航天复杂产品研制过程，是复杂产品网络化协同制造水平的重要体现。工业互联网环境下的多学科设计优化，更加强调基于工业互联网解决多学科、异地、异构设计工具、软件和人员的集成问题，以实现复杂产品多学科模型及其研制过程的一体化集成，并探索和利用复杂产品研制中相互作用的协同机制，综合考虑不同学科或系统之间的影响，从全局角度进行产品设计优化。

基于工业互联网的多学科设计优化技术主要涉及分布式多学科设计优化框架和多学科设计优化算法等关键技术。

（1）分布式多学科设计优化框架技术。基于工业互联网集成和接入复杂系统的专业模型和目标参数，在参数映射和数据关联的基础上，构建分布式多学科模型，并控制分布式多学科设计过程，实现设计过程模型管理、任务流程管理、执行调度、路由选择和分布式设计工具集成等，支撑多学科优化设计问题的分解、集成、运行和求解。

（2）分布式多学科优化算法。充分利用云计算、大数据等先进计算技术，设计分布式的多学科优化算法和计算模型，解决传统多学科优化算法采用本地集中计算导致的优化效率低、协同能力差等问题，满足工业互联网环境中异地、分散、多层级复杂系统的多学科优化问题。

3. 多学科虚拟样机建模与仿真技术

多学科虚拟样机建模与仿真技术采用控制理论、相对理论，应用计算机和信息技术，建立多学科复杂系统仿真模型，为复杂产品研制提供网络化协同仿真试验手段。工业互联网环境下的多学科虚拟样机建模与仿真更加强调采用工业互联网相关技术提升仿真资源动态共享能力、自组织能力和协同能力，从而更好地实现分布、异构复杂仿真系统的协同与互操作。

基于工业互联网的多学科虚拟样机建模与仿真技术主要涉及系统级建模仿真、基于工业互联网络的仿真资源管理和仿真环境构建等关键技术。

（1）系统级建模仿真技术。通过集成模型与试验表达语言、语义翻译程序、应用程序和仿真控制算法，实现多学科虚拟样机系统级建模；基于工业互联网构建方便、易于共享和使用的优势，构建问题导向型系统级仿真运行框架，并建立基于工业互联网共享的仿真运行算法和函数库，实现多学科虚拟样机仿真运行。

（2）基于工业互联网的仿真资源管理技术。通过对仿真资源的统一建模，实现仿真资源及资源实例的形式化描述，在此基础上通过工业互联网自动聚合、调度仿真资源。其中，仿真资源的建模一般包含资源的运营和资源的运行两个方面，前者关心的是工业互联网中各个资源的分组情况、所有权、可用性及分配状态；后者描述各类资源的静态配置和动态性能，抽象工业互联网中的系统级仿真资源在全生命周期过程中的运行状态。

（3）仿真环境构建技术。基于人工智能技术，根据历史数据推理获取仿真模型运行环境需求，按需组织工业互联网中的仿真资源。通过将计算资源、软件资源、模型资源等动态聚合为仿真系统的自主构建过程模型，建立仿真运行环境动态调整方法，解决仿真运行过程中模型行为不可预测性和后台任务对计算资源抢占等问题，支持基于工业互联网的分布式仿真系统的高效可靠运行。

4. MBD/MBE 技术

基于模型定义（Model Based Definition，MBD）是一种全三维设计制造技术，是将产品的所有相关设计定义、工艺描述、属性和管理等信息都附着在产品三维模型中的先进的产品数字化定义方法。[34]工业互联网时代，全球化的协作成为主流，使得 MBD/MBE 技术焕发出新的生命力。充分融合工业互联网和 MBD/MBE 技术，在整个企业和跨企业的供应链范围内建立集成的协同化工业互联网环境，实现各业务环节基于 MBD 模型的网络化协同制造，可以大幅缩短产品研制周期，提高产品质量和生产效率。

MBE 技术通过以 MBD 模型为统一数据源的网络化协同制造载体，并以并行工程方法为指导，全面梳理优化产品生命周期相关企业的任务流、工作流、数据流等，形成配合相关标准规范等，在此基础上通过工业互联网能实现 MBD 模型以及相关的业务数据流、产品数据流、经营数据流和维护数据流等的畅通和有效利用，支撑企业产品全生命周期 MBE 业务。

基于工业互联网的 MBD/MBE 主要涉及的关键技术包括：

（1）结合工业互联网的数字化定义技术。将传统的数字化定义和工业互联网中的标识解析、物联网等技术相结合，在三维模型中完整准确地表达产品的尺寸、工艺、质量以及管理等信息的同时，探索增加用于工业互联网共享集成的标识信息，实现 MBD 模型在工业互联网络上的管理和协同。

（2）基于工业互联网的 MBD/MBE 协同应用技术。以基于 MBD 技术的三维模型为基础，通过数字化定义技术在一套模型中构建产品设计模型、生产模型、维护模型等并进行关联，使设计的变动能通过工业互联网及时反馈至生产、维护等阶段，实现产品设计与生产工艺、运行维护设计的同步更改，形成设计、制造、维护等产品生命周期相关环节一体化集成的研制模式。

（3）基于 AR/VR 的制造过程可视化技术。通过获取接入工业互联网的制造信息开展跨区域可视化的协同制造，进行基于 AR/VR 的在线协同产品设计和制造过程可视化监控；同时，通过工业互联网可将装配工序、加工流程等多维信息直接传递至生产现场，通过 AR/VR 设备，指导生产作业过程，实现线上线下相结合，支撑协同生产。

（4）基于工业互联网络的虚拟工厂技术。在工业物联网的基础上构建与实际工厂中的设备/产线/环境状态与生产过程完全对应的虚拟生产环境，实现数字孪生（Digital-Twin）工厂，实现物理制造系统按需重构时的布局仿真、运行时的实时监控与智能诊断，以及基于大数据分析的生产流程仿真优化。

4.1.3 典型应用

1. 波音公司的全球协同环境 GCE

波音公司传统的飞机研制方法是在公司内部完成飞机的详细设计后，再把设计模型或图纸发给外包制造企业去生产，存在设计、制造流程串行、产品技术状态管理难度大、反复修改次数多、研制周期长及成本高等问题，因此在 787 客机的研制中，波音利用 Dassault 的 ENOVIA VPM 系统创建了全球协同平台（Global Collaborative Engineering，GCE）（美国波音 787 飞机基于 GCE 实现全球范围的网络化协同制造情况如图 4-2 所示）。[35] 通过该平台，波音公司组建了全球化分布在世界各地的 IPT 团队，通过网络传输产品 MBD 模型，交换的产品设计、工艺和维护等信息，形成了基于网络的分布式协同研制。通过应用网络化协同制造波音公司实现了快、好、省的产品研制，在 787 研制过程波音公司将工作量极其繁重的零部件详细设计和制造外包零部件供应商，仅负责飞机的总体设计和部件的组装和校验工作。

据统计，在波音 787 上 400 多万个零部件中，波音公司只负责尾翼和最后的系统集成相关 10%的工作，其余由全球 40 多家合作伙伴通过全球协同环境 GCE 协作完成，使波音 787 成为波音发展史上完工最快、造价最低的机型。[36]

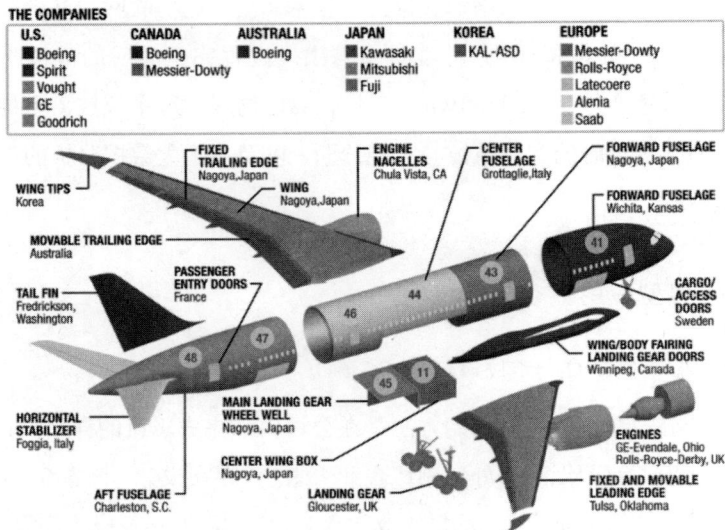

图 4-2　美国波音 787 飞机基于 GCE 实现全球范围的网络化协同制造[37]

2. NASA 的 IDEA

NASA 在新一代高超声速飞行器研制过程中，针对组织异地分布导致的研制过程中多学科复杂系统数据、流程割裂，协同难度大的问题，建设了网络化并行协同设计环境（Integrated Design and Engineering Analysis Environment，IDEA）进行数据、流程管理，开展网络化协同制造。[38]在该飞行器的研制过程中，NASA 基于 IDEA 集成了控制、弹道、气动和结构等专业设计工具/软件/程序，通过网络为产品研制 IPT 团队提供一致的分布式多学科设计优化工程应用环境（如图 4-3 所示），在 IDEA 的支撑下，完成了从总体的全机到分系统的组件 5 个不同分辨率模型的设计、仿真和优化，实现了跨地域、多学科的产品研制协同。

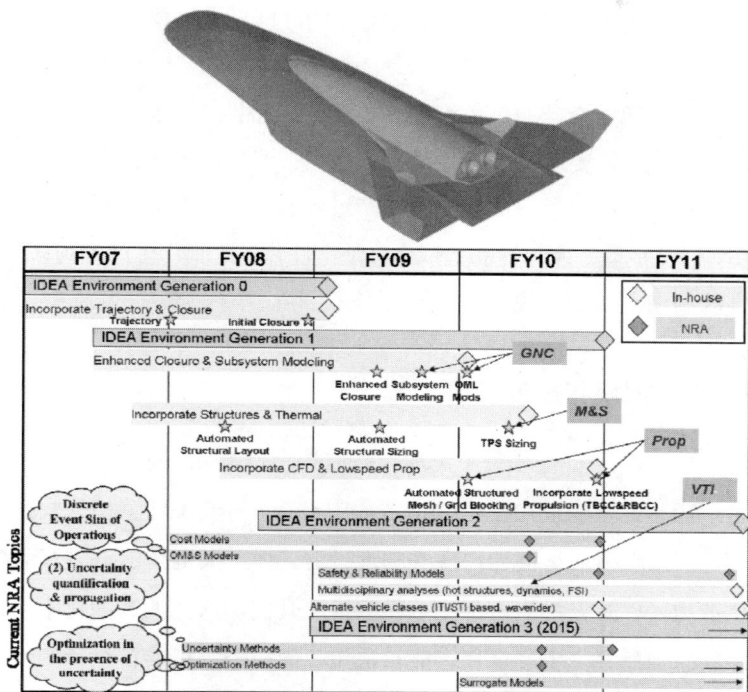

图 4-3　NASA IDEA 网络化多学科协同研发环境[39]

4.2　智能制造技术

4.2.1　应用需求

智能制造技术针对工厂内部生产制造过程的智能化，从关键制造环节和工厂两个层面实现设备、系统和数据的互联互通，以及制造流程与业务的数字化管控。智能制造技术将云计算、物联网、大数据及人工智能等新一代信息技术与产品全生命周期活动的各个环节（设计、生产、检验、管理和服务等）相融合，通过关键生产加工环节智能化、数据传输集成化、泛在网络互联化，实现自主感知制造信息、智能化决策优化生产过程、精准智能执行控制指令等，提升产品生产过程自动化、智能化水平，提高制造效率，降低能耗、人力等制造成本，是个性化、定制化生产的内在需求，对于推动制造业转型升级具有重要意义。

4.2.2　技术内涵和相关技术

智能制造围绕企业"三个集成"，通过工业设备、伺服系统和工控系统的自适应感知互联以及生产制造过程中设计、生产等环节相关数据的采集处理，融合虚拟网络世界与现实物理世界，提升关键智能设备和装备的自主化能力，以及产品生产加工、供应链、仓储和服务的智能化水平，实现工厂状态自感知、生产过程智能自决策、伺服控制精准自执行的生产制造模式。智能制造应用技术包括基于 CPS 的工业现场制造执行技术、智能工厂技术、赛博制造技术和智能服务技术等。

1. 基于 CPS 的工业现场制造执行技术

基于 CPS 的工业现场制造执行技术涉及人、机器设备、加工对象、环境之间的互联、感知，以及生产加工的进度、现场质量检验、设备状态及利用率等现场信息的实时传递、反馈以及分析处理，实现工业现场人、机、物的智能协同。工业现场人、机、物交互程度的高低，是智能制造技术水平的重要体现之一。基于 CPS 的工业现场制造执行主要涉及以下的关键技术：

（1）多协议、多类型融合的工业网络技术。基于无线传感网络、时间敏感性分组网络和面向物联网的蜂窝窄带无线（NB-IoT）网络，形成面向多协议、多类型的工业网络接入设备，搭建稳定、高效、低功耗的工厂现场有线/无线网络，支撑基于 CPS 的工业现场对低功耗、大接入容量、实时、时间敏感以及大数据量传输需求。

（2）感知识别控制一体化集成技术。通过综合运用 RFID 传感器、声音视频等非接触式感知、声光电等传感器、条码/二维码、雷达等感知技术，实现工业设备、工业控制系统、伺服系统的感知互联，并通过工业网络传输数据和指令，完成生产制造过程中设计、生产等环节相关数据的采集、分析和控制，向下能使物理设备具有计算、通信、精确控制、远程协调和自治等功能，向上解决内部信息孤岛的问题，形成基于 CPS 的可自律操作的智能生产系统。在纵向贯穿至生产设备，实现人、机、物和系统的互联，实现端到端的集成；再横向延伸到全球互联网，打通内外部的协作通道，实现横向集成。

（3）工业关键设备互联技术。基于多模型的 CPS 架构、多代理智能的泛在感知、协调交互以及伺服控制，集成并行处理多源、异构、海量数据，实时融合、交互赛博空间与物理过程，形成工业环境关键设备/系统互联中间件产品，实现生产制造环境、制造加工设备、工业控制系统、感知伺服系统等关键工业设备的互联互通以及数据的智能采集，解决工业现场与工业软件、管理信息系统之间数据割裂，不能有效支撑业务管控问题，支撑面向生产任务的生产资源动态调度、作业任务排程与优化等管理执行创新应用。

2. 智能工厂技术

智能工厂涵盖企业经营业务各个环节，包含产品设计、工艺设计、生产加工、采购、销售和供应链等产业链上下游的相关活动。智能工厂生产制造工业现场层、感知执行层和应用层等多个不同层级的硬件设备和系统,在应用中,基于传感器和工业互联网感知和连接工业现场设备、流程、管理系统和人员,在互联互通的基础上,基于人工智能技术自主决策和执行生产过程的相关指令,形成自动化、柔性化和智能化的生产形态。建设智能工厂主要涉及以下关键技术:

(1)智能化的装备与产线技术。智能化的装备与产线是智能工厂的硬件基础,通过建设智能生产设备、工业机器人和智能工具(刀具、卡具、量具等)管理系统等,实现工业现场产品加工、检测和流转等过程的自动化,实现控制指令、程序的数字化和设备状态、生产数据的闭环反馈。

(2)智能化的仓储与物流技术。智能化的仓储与物流是智能工厂的重要组成部分,自动化立体库房可以极大提高进出库的工作效率,降低人为因素造成的进出库错误;AGV 智能小车、公共资源定位系统、智能物流管控能够极大提高物品转运过程中的精准化,减少物料配送的等待时间,提升生产作业与物流的协同能力。

(3)智能化的生产计划排程与过程管控技术。智能化的生产计划排程与过程管控是智能工厂的核心部分,通过高级计划云排产可以充分利用社会化的资源,跨企业进行安排计划,从而加快生产进度,提升企业效率;过程执行管控系统(MES)使生产加工进度、产品质量等过程管理透明化,配合现代移动互联网技术,实现异地实时的生产管理。

(4)虚拟工厂与自主决策技术。虚拟工厂与自主决策是智能工厂的应用部分,虚拟工厂连接工业现场设备和环境,进行线上展示和控制线下生产加工过程,并统计、分析生产制造过程采集的工业数据如设备状态数据、车间物流数据和供应链数据等,支撑企业经营管理决策。

3. 赛博制造技术

赛博制造是在计算机虚拟空间建立真实物理制造过程的投影,通过建立设计、仿真分析、试验、生产和维护等不同阶段的数字化设计模型、仿真模型、试验模型、生产模型、维护模型和人体模型以及工厂模型，充分利用大数据、仿真等信息化手段，对物理产品的制造过程进行模拟、仿真、分析，不断验证、改进、优化，并最终反馈到物理产品研制过程贯彻执行。

在应用过程中首先对产品生命周期设计、仿真分析、试验、生产和维护等不同阶段的设备、装备和环境开展建模，然后运用 AR/VR/MR 等先进交互技术，在赛博空间映射现实世界的生产及其制造工艺过程相关的设备；然后建立包含产品研制过程和活动的设计、试验、生产、维护和人体的仿真模型与智能虚拟样机；进而完成设计、生产和维保等验证过程的虚拟仿真分析，包括驱动智能样机进行设计方案的测试、分析和优化，基于 AR/VR/MR 评估、测试工艺路径合理性、人工工效和作业操作可达性，进一步开展基于 AR/VR/MR 的生产制造，评估设备性能、测试生产线效率、验证生产线布局、优化生产流程等，实现赛博制造与物理制造的完美融合。

赛博制造涉及的关键技术主要包括：

（1）基于 AR/VR 的赛博制造虚拟环境与人机交互技术。包括音、视频指挥调度，音响、中央控制器、电源控制器、音响控制器等设备的集中控制系统，以及立体显示系统、沉浸式头显设备、混合现实显示设备和增强现实型显示设备等多种虚拟现实显示系统，以及数据手套、头部跟踪器及操作手柄和肌电手环等虚拟现实交互系统，为赛博空间的构建提供所需的软硬件环境以及相应的交互、控制。

（2）赛博制造建模技术。基于虚拟环境开发工具集，如平面图处理工具、三维模型建模工具等，以及图形视景系统，包括图像处理、可视化管理、实时交互软件，通过对产品生命周期设计、生产、试验和维护等不同阶段的产品、人和环境开展建模，实现与现实世界的生产、试验、维护等过程相关设备的映射。

（3）赛博、物理空间的集成与交互式运行技术。基于物理制造过程在赛博空间的集成与映射，开展设计、生产和维护等物理过程的仿真分析，进行设计方案的测试、分析和优化，评估、测试工艺路径合理性、人工功效性能和生产制造的可达性，测试生产线效率、验证生产线布局、优化生产流程、评估优化设备性能等。

4．智能服务技术

智能服务通过工业互联网平台接入工业现场、产品、需求、供应和人力资源等信息，采集采购、库存、销售、运输及回收等供应链环节的业务数据和制造资源的技术参数信息、工况信息等，分析用户需求、设备/产品的运行状态、性能参数及操作行为，挖掘与制造过程人、机、物相关的复杂隐性关联信息，提供精准、高效的服务，如供应链分析、优化，以及基于大数据的故障预测与诊断等。

（1）供应链分析和优化服务。

通过工业互联网收集从用户订单到产品采购、物流以及供应商等供应链各个环节的数据，运用大数据技术实施监测供应链全过程，并分析、挖掘工业大数据优化库存、采购和物流规划等，推动供应链成为企业发展的核心竞争力，具体包括：

● 提前预测企业各生产环节所需的零配件、原材料等的需求数量和需求时间，并按照采购规则自动生成采购方案供采购人员决策。

● 通过对供应链的大数据分析，优化合格供应商管理流程，实现高效透明的采购；同时，通过大数据关联分析供应商供货质量、物流数据和客户评价等，优化采购流程，降低采购成本。

● 大数据对供应链的优化还体现在优化库存管理、提升物流运作效率和精准性、优化供应链网络和风险预警等方面。

（2）基于大数据的故障诊断与预测服务。

基于大数据的故障诊断与预测服务包括设备运行监测、交互式故障诊断和远程技术支援等。

● 设备运行监测。采集设备的运行/停机、工作速度、正常/预警/故障等状态数据，利用大数据、云计算技术进行实时分析处理，综合评估各工作指标，及时发现潜在故障和问题，并提前进行故障预警或基于云平台就近安排维护人员进行现场维护处理。

● 交互式故障诊断。通过远程对设备异常状态信息的获取以及基于大数据的故障现象综合判断，推理定位设备的故障部位，为用户提供基于案例的智能化排故指导，让检修所见即所得。

● 远程技术支援。提供设备可视化维护维修指导，根据故障诊断结论匹配情况，提供故障排故影像、现场视频接入等功能，为设备远程维修提供丰富、直观的排故、维修交互支持手段；采用大数据技术分析设备历史使用频度、关键性能指标退化趋势，开展关键部件剩余寿命预测与健康状态评估，计算设备的健康等级，预计未来可继续正常使用的时间期段，为设备运维人员提供预警提醒，并综合考虑健康等级、安全性、经济性，生成维修建议报告，供管理人员进行决策。

4.2.3 典型应用

1. 西门子安贝格工厂

西门子的安贝格工厂（如图 4-4 所示）是智能工厂的典范，该工厂采用西门子 SIMATIC 自动化解决方案，将制造设备接入工厂物联网，实现了制造过程的识别、分析、推理、决策，以及控制的闭环。[40]

图 4-4　西门子安贝格工厂[41]

目前，安贝格工厂是西门子比较重要的工厂，连续多年获得欧洲最佳工厂称号。安贝格工厂内实现了超过 75% 的自动化生产，实现了所有产品和物料的编码，能全天 24 小时记录和收集数据，自动化控制系统全部采用自己的产品，每天收集 5000 万条数据进行分析，通过调整生产线，每天可生产 350 多种产品，通过网络化 IT 系统控制和优化生产流程，实现 99.99% 以上的产品合格率，在工人数量和管理人员数量没有增加的情况下，产能提高了 9 倍。

2. 德国巴斯夫化工集团凯泽斯劳滕工厂

巴斯夫位于凯泽斯劳滕的智能工厂基于射频码，实现了洗发水和洗手液的自动化生产。[42]该工厂通过部署定制化需求管理系统、自动化的设备、产线、无线通信网络和给产品贴上 RFID 标签等手段，实现了工业现场设备、产品和需求等信息之间的互联互通，形成自需求到原料配比、车间物流等生产过程的自主感知、自动执行。在应用中，用户需求信息与贴在空洗发水和洗手液瓶上的 RFID 标签关联，生产线上的机器和物料配送系统通过读取 RFID 的信息，获取客户定制的香料、瓶盖颜色和包装信息，自动安排物流系统配送物料，并由生产机器完成相应的灌装、贴签和装配等工作，流水线上的产品每一瓶之间都可能截然不同，实现了个性化定制和柔性化生产的紧密融合。

3. 九江石化智能工厂

九江石化是江西省境内唯一的大型石油化工企业，在生产中炼化工厂的装置设备、管线、阀门等随着时间的推移会出现"跑冒滴漏"等情况，导致大量的安全和管理问题，针对这一现象，该企业建设了集中集成平台、应急指挥平台和三维数字化平台等公共服务平台，形成信息数字化、网络高速化、数据标准化、应用集成化、感知实时化的智能工厂，如图4-5所示。[43]

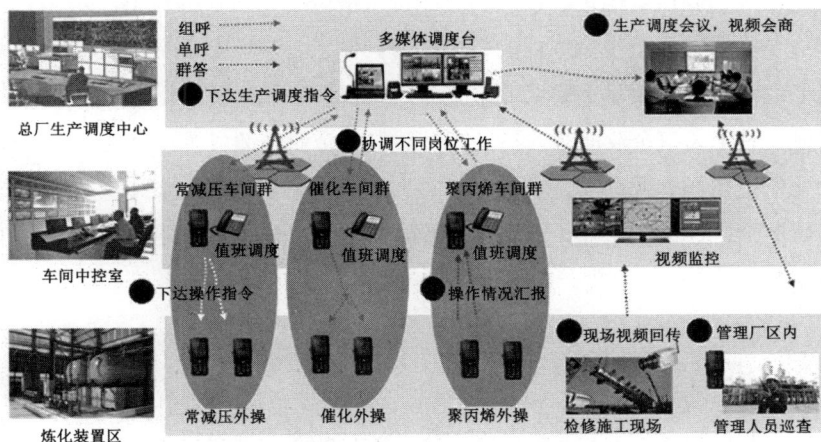

图4-5 九江石化智能工厂[44]

九江石化智能工厂在运行中，通过无线网络和传感器实现了关键装置设备、管线、阀门的在线监控和检测，基于工业大数据技术实现了装置报警合理化分析、频繁报警位点原因链路分析、关键报警位点的预警、关键部件性能的预测和维修操作指导建议等功能，提升了设备运行效率，降低了检修成本，实现了企业生产运营的信息互通、透明可视、模型驱动和自动执行，大幅提升企业安全运行能力、应急响应能力、风险防范能力和科学决策能力。

4.3　云制造技术

4.3.1　应用需求

　　云制造融合发展了网络化协同制造和智能制造，以按需服务的方式提供虚拟化制造资源/能力，以多学科虚拟样机工程为基础，打通产品研制全生命周期制造资源集成接入和产品价值链网络化协作的通道，实现覆盖制造全产业链和全生命周期的社会化协同制造。对于中小企业而言，能以最低的成本快速聚集需要的制造资源，实现数字化、网络化、智能化产品研制；对于大型企业而言，不仅能灵活整合企业内部资源，而且能接入社会化制造资源，盘活竞争机制，实现制造资源/能力的优化配置，提升产品研制全产业链数字化、网络化、智能化水平，提高企业运行效率，促进转型升级。

4.3.2　技术内涵与相关技术

　　云制造技术是一种基于泛在网络（如互联网、物联网、电信网、广电网及无线宽带网等）、面向服务的智慧化制造新模式。[45]它融合与发展了现有信息化制造（信息化设计、生产、实验、仿真、管理、集成）技术及云计算、物联网、面向服务、智能科学、高效能（性能）计算、大数据等新兴信息技术，将各类制造资源和制造能力虚拟化、服务化，构成制造资源和制造能力的服务云池，并进行协调的优化管理和经营，使用户通过终端和网络就能随时按需获取制造资源与能力服务，进而智慧地完成其制造全生命周期的各类活动。

　　云制造技术是工业互联网时代的一种智慧制造模式与手段，是推动"中国制造 2025"和制造领域的"互联网+"行动计划目标实现的核心技术之一。云制造相关技术主要包括云制造总体技术、云制造系统平台技术和制造全生命周期活动的智能化技术。

1. 云制造总体技术

云制造从横向集成、纵向集成与端到端集成三个角度全面应用工业互联网技术，构建基于工业互联网的智慧云制造新模式、新手段和新生态系统。其总体技术主要涉及云制造应用系统体系架构、云制造服务商业模式、智能管控集成互联技术、云制造标准体系和云制造评估体系。

（1）云制造应用系统体系架构。

云制造应用系统体系架构包括资源/能力层、泛在网络层、平台服务层、智慧云服务应用层以及安全管理和标准规范体系，如图4-6所示。

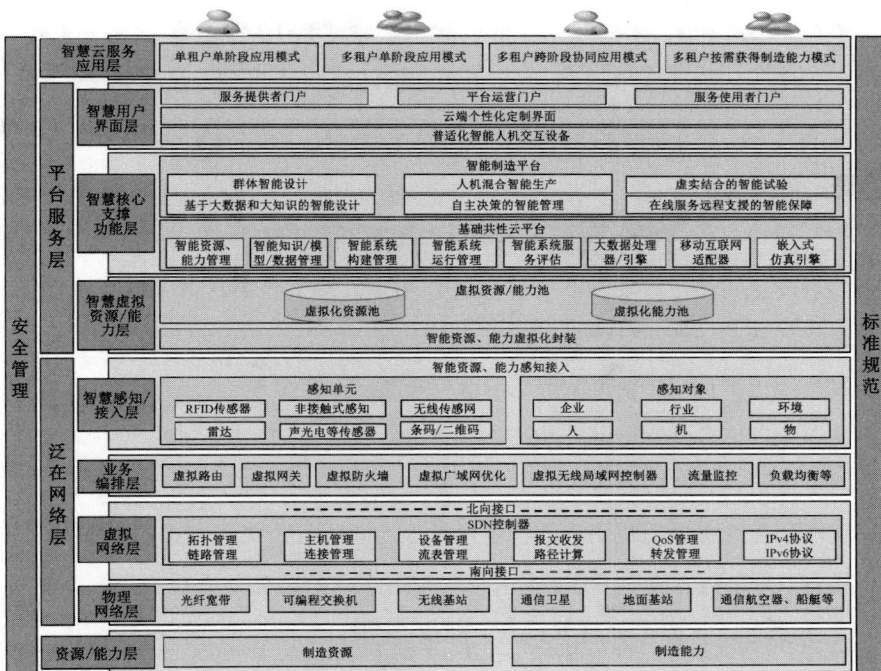

图4-6 云制造应用系统体系架构

①资源能力层。包括制造资源和制造能力，如高端数字化生产线、大型仿真试验系统等硬资源以及工具软件、企业信息系统、数字化资源库等软资源和研发、供应、生产等制造能力等。

②泛在网络层。包括物理网络层、虚拟网络层、业务编排层和智慧感知接入层。物理网络层包括光纤宽带、可编程交换机、无线基站、通信卫星、地面基站、通信航空器和通信船艇等硬件设备；虚拟网络层通过南向接口、北向接口实现网络能力的开放，提供拓扑管理、主机管理、设备管理、报文收发、QoS 管理、IPv4/IPv6 协议管理等功能；业务编排层通过软硬件解耦及功能抽象，以软件的形式提供网络的功能，实现新业务的快速开发和部署，提供虚拟路由、虚拟防火墙、虚拟广域网优化控制、流量监控和负载均衡等应用；智慧感知/接入层通过 RFID 传感器、无线传感网、声光电等传感器/设备、条码/二维码、雷达等智能感知单元，实现企业、行业、人、机、物等感知对象的感知，并通过网络传输数据和指令。

③平台服务层。包括虚拟智慧资源/能力层、智慧核心支撑功能层和智慧用户界面层。智慧虚拟资源/能力层对制造资源/能力进行虚拟化封装与智能化描述，将物理的资源/能力映射成逻辑的智慧资源/能力，形成虚拟化的智慧资源/能力池；智慧核心支撑功能层包括基础共性云平台和云制造应用平台，分别提供智慧系统构建管理、智慧系统运行管理、智慧系统服务评估等基础中间件功能，以及群体智能设计、基于大数据和大知识的智能设计、人机混合智能生产、虚实结合的智能试验、自主决策的智能管理和在线服务远程支援的智能保障等功能；智慧用户界面层针对服务提供者、平台运营者以及服务使用者三类用户，普适化地支持各类智慧终端交互设备，实现用户使用环境的个性化定制。

④智慧云服务应用层。突出人/组织的作用，包括单租户单阶段应用模式、多租户单阶段应用模式、多租户单阶段应用模式和多租户按需获得

制造能力模式四种应用模式，支持云制造系统中人、机、物、环境、信息自主智慧地感知、互联、协同、学习、分析、预测、决策、控制与执行。

⑤安全管理和标准规范。自主可控的安全防护体系，为云制造系统的用户身份、资源访问和数据等提供安全保障，并通过标准规范体系，规范云制造系统技术应用和平台的准入、监管和评估等。

（2）云制造服务商业模式。

云制造变革了企业制造交易结构设计方法、企业资源和能力服务化调度方式和赢利模式。围绕人/组织、经营管理、技术/设备集成优化需求，云制造构建了外部营销链、服务链扁平化一体化应用模式、复杂产品群体智能研制应用模式、个性化定制化生产模式等先进的商业模式，逐步建立智能化、互联化、服务化、协同化、个性化（定制化）、柔性化、社会化和绿色化的产品制造和用户服务模式，实现新的客户价值、企业资源和能力、赢利方式，从而促进云制造商业模式创新，推动大众创业、万众创新。

（3）智能管控集成互联技术。

围绕工业互联网环境下智能化协同制造业务发展对集成互联的新需求，建立制造物联环境下的设备自主互联、互操作方法，复杂制造场景下多维度人机物协同模型与集成接口方法，实现人与设备之间、设备与设备、设备与环境之间的实时感知、语义理解和知识协同。引入以 SDN/NFV 等新兴技术为代表的网络虚拟化方法，实现云制造网络基础设施资源的深度抽象隔离与动态管控。建立基于大数据的制造物联三元协同决策与优化理论，实现人、机、物的虚实融合与动态调度，确保人、机、物三元间开放安全互联及业务互操作，为云制造的协同管理与服务提供支撑，形成人、机、物共融的资源、能力集成环境。

（4）云制造标准体系。

云制造标准体系考虑云制造系统设备智能化、流程智能化、资源/能力协同三个层次的集成与协同需求，同时考虑产业链全生命周期活动制造服务集成和业务协同的智能服务需求以及整体安全要求，并使之标准化、规范化，如图 4-7 所示。

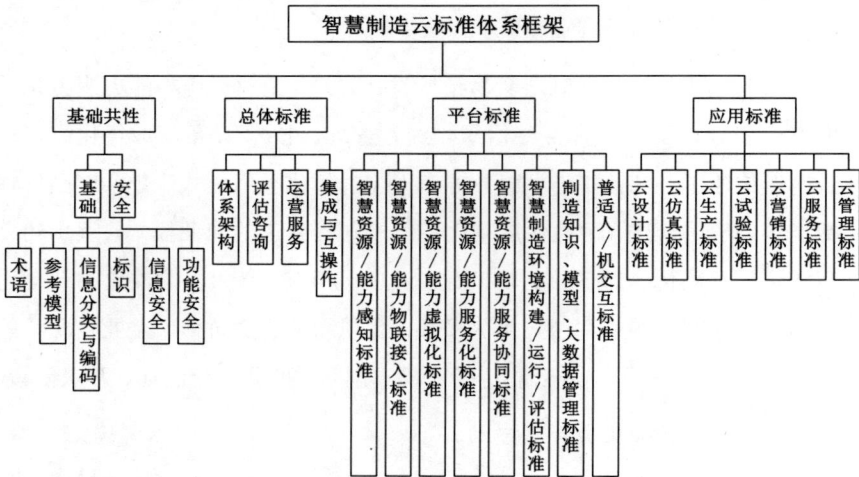

图 4-7　云制造标准体系

● 基础共性标准。主要用于规范云制造系统的基础共性要求，包括基础标准和安全标准两大类。其中，基础标准分为术语标准、参考模型标准、信息分类与编码标准、标识标准等，安全标准分为信息安全标准和功能安全标准。

其中，术语标准用于统一云制造系统的主要概念认识和规定云制造领域所用的有关技术用语，包含云制造通用术语，资源/能力的接入和感知术语，资源/能力的虚拟化和服务化术语，云制造服务系统构建，运行管理、评估、安全和应用等分类术语。参考模型标准规定云制造系统中设计、生产、流通等环节涉及的参考模型定义、功能、格式内容、描述方法等。信息分类与编码标准主要包括信息分类与编码基础标准、企业资源和经营管理信息分类与编码标准、产品信息分类与编码标准。标识标准主要包括产品/设备/系统的标识编码与解析、标识载体、标识管理结构及功能要求等方面标准。

信息安全标准主要用于规范云制造系统中信息采集、数据传输、系统接口、设备自身信息等安全要求。功能安全标准主要包括云制造系统中设备安全、网络安全、控制安全、应用安全、数据安全和安全管理等标准。设备安全主要是指设备本身的安全防护；网络安全包括承载智能生产和制造的工厂内网安全、工厂外网安全；控制安全包括控制协议安全、控制系统安全、控制软件安全等；数据安全主要包括生产制造数据安全以及隐私保护；应用安全包括工厂内应用、云平台上应用、安全监控应用安全要求等；安全管理主要规范云制造系统安全软硬件组织管理、运行维护等。

● 总体标准。主要用于规范云制造系统的总体性、指导性、指南性等要求，包括体系架构标准、评估咨询标准、运营服务标准、集成与互操作标准等。其中，体系架构标准用以统一云制造系统标准化的对象、边界、各部分的层级关系和内在联系。评估认证标准包括评估指标体系和认证评估方法，用于规定针对不同对象的评估方法及评估指标。运营服务标准包括运维服务规范、监控管理规范、金融服务管理规范、物流服务管理规范、数据服务管理规范、增值运营管理规范等。

● 平台标准。资源感知标准主要包括在实现设备信息采集和资源集成接入时，智能传感器或实施软件在数据交换、特性与分类、时钟同步、功能接口和互操作性等通用技术标准，以及所用到的现场总线、工业以太网、工业无线、安全通信、符合性等通用协议标准。

资源/能力物联接入标准针对制造资源/能力类型、接入方式、接入手段等内容，规定了集成的内容、集成的方式、集成后的资源应用模式及集成涉及的组织等要求。

普适人机交互标准主要包括工业控制领域人机交互的图形图标、功能属性和注册管理等图形图标标准，体感描述语言、手势命令和功能属性等触摸体感标准，语音命令、语义理解和语义库等语音语义标准，生物特征识别技术接口、生物特征数据交换格式等生物特征识别。

● 应用标准。云设计标准定义和规范设计相关的标准、工具软件、知识和经验等资源的整合和管理，支撑用户按需使用云设计资源，为用户实现云协同设计提供环境和流程一致性保障，包含产品数字化定义、产品数字化样机、设计任务管理、产品数据管理云端协同设计等标准。

云仿真标准主要包括云仿真资源统一描述标准和云仿真环境动态构建标准，云仿真资源统一描述标准用于规范复杂产品协同仿真过程中所涉及的计算资源、软件资源、模型资源的统一描述及管理等内容；云仿真环境动态构建标准用于规范云仿真环境构建模型及构建过程等内容。

云生产标准定义和规范生产活动的设备/装备、计量和测试工具等资源的整合和管理，并规范资源调度和使用环境和过程，包括生产任务管理、云排产调度、云信息系统租用和云设备管理等标准。

云营销标准定义和规范包括合同管理、成本分析、定价分析、广告促销和竞品分析等云营销服务全流程，包括多维度云营销管控标准、零售全过程跟踪标准以及多级云营销管理标准。

云管理标准包括云制造平台部署管理规范（含平台协同业务管理实施规范、平台众创业务管理实施规范、平台配套业务管理实施规范）、云制造平台租户管理要求、云制造资源应用管理规范、云制造平台增值服务收费标准等。

（5）云制造评估体系。

云制造评估体系参考两化融合评价体系包括水平与能力评估、效能和效益评估两部分，水平与能力评估包括基础建设、单项应用、综合集成、协同创新四个主要评估方面；效能与效益评估包括竞争力、经济和社会效益等两个主要评估方面，如表4-1所示。

表4-1　云制造各评估视角（一级指标）及内涵描述

评估视角		内涵描述	评估内容
水平与能力评估			
资源与技术	基础建设	评估云制造基础设施、条件建设、技术水平情况，衡量云制造基本资源和技术保障的水平与能力	从人、财、物、信息四个维度的资源开展。评估与"人"相关的组织和规划、与"财"相关的资金投入、与"物"相关的整合的制造资源和能力的情况、与"信息"相关的信息资源（包括知识、模型、大数据等）、信息安全等
应用	单项应用	以单/多主体独立完成某阶段制造任务为对象，评估云制造在制造资源/能力共享方面的水平和能力以及和业务结合的深度和广度	从产品、管理、价值链三个维度展开
	协同应用	以多主体协同完成单阶段制造任务和跨阶段制造任务为对象，评估云制造在集成协同方面的水平和能力以及和业务结合的深度和广度	
	业态建设	从"泛在互联、数据驱动、共享服务、跨界融合、自主智慧、万众创新"等角度，评估应用云制造所生成的业态的特征覆盖度和成熟程度	

续表

评估视角		内涵描述	评估内容
效能与效益评估			
绩效	竞争力	评估竞争力变化情况，衡量云制造直接或间接带来的能力提升效果	从平衡计分卡的四个方面展开。评估质量提升与顾客满意、业务效率、财务优化、创新能力等方面
绩效	经济和社会效益	评估经济和社会效益水平变化情况，衡量云制造直接或间接带来的效益提升作用	评估经济效益、社会效益等方面

2. 云制造系统平台技术

利用工业互联网提供的机器、原材料、控制系统、信息系统、产品以及人之间的网络互联功能，实现智能制造资源/能力的感知、虚拟封装和服务化应用，云制造服务环境的构建/管理/运行/评估，以及云端知识/模型/大数据管理分析与挖掘等应用。

（1）智能资源/能力感知、物联技术。

立足智能资源/能力全系统、全生命周期、全方位的接入和感知互联的需求，建立通用多维智能资源/能力描述模型，为智能资源/能力的表达提供模板和数据结构。采用工业适配器、传感器、条形码、RFID、摄像头、人机界面等感知技术，实现状态自动或半自动感知。重点解决各类硬制造资源（如机加设备、热加工设备、试验装备和计量工具等）和能力（设计、管理、知识等）的感知、接入难题，实现各类制造资源/能力的信息感知、海量数据网络传输、大数据高效分析与处理综合应用，为云制造的业务执行过程提供基础服务。

（2）智能资源/能力虚拟化、服务化技术。

围绕智能资源/能力在线按需使用的目标，构建智能资源/能力虚拟化封装与规范化描述模型，建立"虚拟器件"模板或镜像，实现其创建、发布、存储和迁移，以及虚拟器件的匹配、组合、部署和激活。对各类虚拟制造资源和能力的状态和流程进行监控、管理、调度、迁移及备份。采用规范化的基于语义的服务描述与发布技术、可变粒度虚拟化描述模型智能搜索按需聚合/按需分解技术，实现分散资源/能力的集中使用，为用户提供优质廉价、按需使用的云制造服务。

（3）智能服务环境的构建/管理/运行/评估技术。

围绕异构、开放式智能资源/能力按需组合、优化配置以及高效协同互操作的目标，构建智能服务的领域本体，建立制造服务的语义本体描述方法和搜索匹配算法，实现智能化需求解析与任务分解、匹配及优化组合。采用基于多主体的虚拟智能服务的协同运行、异构资源集成与语义互操作、分布式协同环境的时空一致性、高可靠容错等技术，实现智能服务环境的敏捷重构。构建智能制造服务评估体系，形成智能服务的统一评价模型、虚拟服务环境综合评估方法以及多服务协同执行时整体评估与局部评价的映射方法，为云制造服务资源、能力的共享、租售和配置提供支撑，实现用户利益最大化，实现企业制造能力的综合优化。

（4）智能知识/模型/大数据管理、分析与挖掘技术。

通过对智能制造设备/装备数据的采集和监控、工业传感器实时在线数据的采集、产品生命周期知识的管理，以及信息化平台（CRM、PDM、ERP、MES 等）数据的集成，构建跨媒体表达结构模型与语义体系，应用知识/模型/大数据融合分析推理工具和挖掘与可视化系统，对云制造应用系统产生的知识/模型/大数据进行分布式缓存、整合、特征抽取和高效分析处理，实现云制造应用系统万物互联、规模庞大的知识、模型和工业数据的管理分析与价值发掘，提高企业决策和业务优化水平，推动制造业向基于知识、数据的制造服务模式转变。

（5）人机共融智能交互技术。

围绕云制造过程中用户与产品、设备进行指令传达、信息展示等输入、输出智能交互的需求，采用基于上下文信息的用户意图感知与融合、基于相似性计算的信息检索、面向海量服务的信息可视化、基于草图的云服务表征，以及基于语音、生物电、生物磁信号的感知识别等技术，建立经验知识大数据平台和学习、挖掘内隐知识体系，基于 AR/VR 的信息展示等设备，实现云制造过程中人与机器、设备、装备高效的共融与智能双向交互。

3. 制造全生命周期活动的智能化技术

充分利用工业互联网对工业数据的全面自主感知、大容量快速传输、智能化分析处理和多维展示等方面的优势，提高制造全生命周期活动的智能化水平，实现智能控制、运营优化和生产组织方式变革。

（1）智能设计技术。

采用智能 CAX/DFX 技术、虚拟样机智能设计技术、基于数据驱动与知识指导的设计预测、分析和优化技术、绿色设计技术和智能 3D 打印技术等，打破设计数据孤岛之间的藩篱，建立多领域设计知识中心，形成基于数据驱动与知识指导的智能设计模式。构建参数化、模块化、智能化设计流程，培养从数据到知识、从知识到智慧的设计能力。构建众包智能设计平台，培育在线众包、个性化设计、智能化预测的设计新业态，提升设计的效率和知识附加值。

（2）智能生产技术。

充分应用云计算、大数据和人工智能等先进技术，建立基于跨媒体知识推理和仿真分析的工艺设计模式、基于智能自主设备/装备的柔性化生产模式和人机协同的混合智能生产模式，形成自主决策、少人干预的生产流程，打造服务化制造、社会化制造、个性化定制、柔性化制造新模式，培育人机协同、自主决策、个性定制的智能生产业态，提高生产过程的自动化、智能化水平和能源利用效率。

（3）智能管理技术。

针对传统企业管理在自身拥有的人、财、物等各种要素资源的约束下，组织开展制造活动，难以最优化利用人、财、物各种要素的问题，采用自主决策的要素资源配置技术和基于云平台的制造资源/能力优化配置技术，形成动态、高效、智能的企业管理新模式。在制造资源的虚拟化、服务化的基础上，实现云项目管理、云企业管理、云质量管理、云营销、云供应链、云物流等新的资源计划、组织、控制、调度新手段，培育高效、动态、协作的智能管理新业态，提升整个产业链的管理水平，促进能源、资金和人才的优化配置。

（4）智能试验技术。

采用云建模与仿真技术、单件/组件/系统云试验技术、基于大数据的仿真与试验技术，构建按需动态的仿真与试验环境和平台，提供在线按需使用的仿真环境和设备，形成基于大数据自动分析处理结果的智能试验新流程和工业互联网环境下的智能联合仿真与试验新模式，应用于产品单件、组件、系统不同级别的全数字、半实物等仿真与试验，培育以虚验实、虚实结合的智能试验新业态，降低试验成本和缩短产品研制周期。

（5）智能保障技术。

为解决传统保障技术用户服务体验差、支援不及时等问题，应用基于数据驱动与知识指导的人工智能技术，构建智能保障云服务平台，实现智能售前/售中/售后综合保障云服务、装备智能故障诊断、预测和健康评估、远程支援等，形成售后服务的全网络支持、智能化预测维护和智能化服务的保障新模式。基于虚拟现实/增强现实技术创新装备使用维保新手段，提升产品使用维护水平，提高保障服务的质量和效率，并降低保障服务的成本。

4.3.3　典型应用

1.　美国国防高级预研局的云制造平台

2010 年，美国国防高级预研局（DARPA）启动自适应运载器制造 AVM 计划，其中重要的项目之一就是打造了满足大规模协同制造的开源云制造平台 VehicleFORGE，如图 4-8 所示。[46]

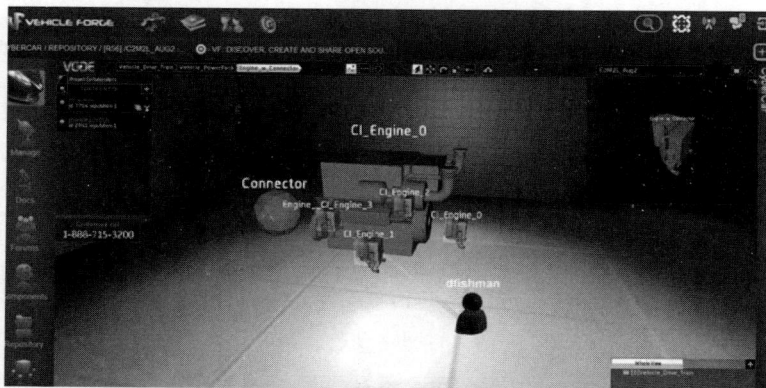

图 4-8　VehicleFORGE 云制造平台[47]

VehicleFORGE 提供基于互联网的虚拟化协作环境和云端基础架构，以及完成设计制造任务所需的集成设计环境，不仅协同分散于不同地理位置设计团队的设计活动，更为重要的是实现社会化专业分工的转变，打造基于工业互联网的制造业生态环境，推动"摩尔定律"在复杂装备制造业的实现。

为了验证 AVM 的云制造技术及相关工具，DARPA 发起面向美国公民的快速自适应下一代地面车辆（FANG）研制的公开挑战赛。2013 年 4 月，DARPA 公布了挑战赛的获胜者，基于云制造模式的 AVM 的原型设计工具在复杂系统的设计实践中得到了验证，其提升产品研制效率 5 倍的测试结果，揭示了云制造技术巨大的应用价值。

2. 某汽车企业基于航天云网的云制造应用

目前，针对个性化定制生产需求的爆发，像汽车这种涉及核心零部件 2000 个以上的复杂产品，利用人员招聘扩大研发团队、配置更多的场地设备、加强数据管理力度的传统研发模式，越来越难以在短期内为客户提供灵活多变的服务。汽车企业在协同设计各阶段面临人力资源不足、协同能力不足、数据版本不同等诸多挑战。

针对上述挑战，某汽车企业基于航天云网开展了基于云制造的协同研发实践。新的基于云制造的研发流程如图 4-9 所示。

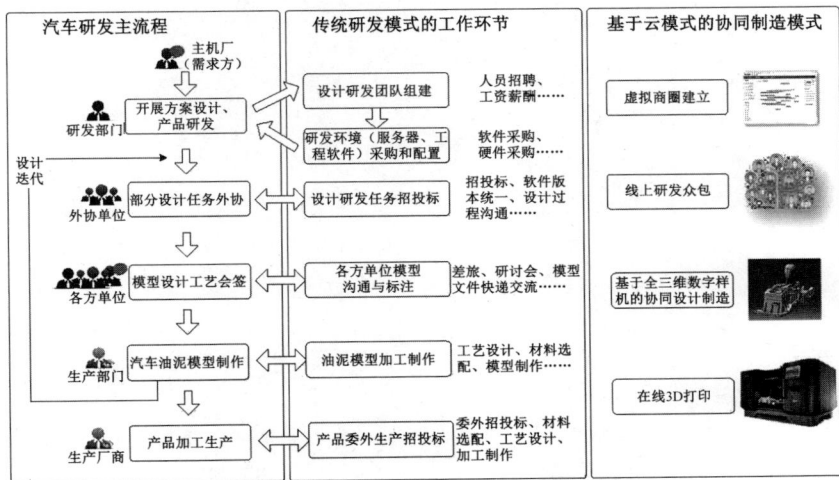

图 4-9　基于云制造的研发流程

企业通过航天云网接收设计需求，将需求中的逆向设计等非核心任务拆分后，在航天云网发布设计类商机，个人设计师或企业通过在线的询报价业务获取任务，形成"虚拟组织"，从而达到快速聚合设计人才的目的。在任务分发后个人设计师或企业利用航天云网提供的 CAD、CAE 软件资源，在统一环境下开展线上设计，并随时接受审查以确保工作进度；研发过程中设计师与汽车设计企业（需求发布方）通过在线的协同研发业务迭代设计、交互，完成设计模型。模型交付时，通过航天云网的跨企业协同会签功能与制造商一起对模型进行多方会签，确认模型合格后，对设计师在线结算并进行评价，设计师的信用评价越高，越利于竞争获取任务。

在应用过程中航天云网平台提供了众包、云设计、跨企业会签、在线 3D 打印等服务。企业将以上新型设计生产模式、手段应用在新型汽车白车身的完整研发设计中，有效地将传统三四个月的设计周期大幅缩短至两个月，工艺会签周期缩短 30%左右，以在线 3D 打印替代传统的模具试制，时间节省约 45%，同比该研发任务的研发成本缩减约 35%。

第五章

工业互联网与 CPS、智能制造的关系

信息物理系统 CPS

CPS 是工业互联网的重要使能

智能制造是工业互联网的关键应用

工业互联网、信息物理系统（Cyber-Physical Systems，CPS）以及智能制造，是当前工业界最为热门的三个名词，代表着新一轮工业革命中技术、模式与产业的重要方向。

如前所述，工业互联网是具有前瞻性、全局性的系统工程，涉及工业和信息技术等领域的各环节、各主体。在概念提出者 GE 所领衔的工业互联网联盟和中国工业互联网产业联盟的大力推动下，工业互联网或将形成复杂的、全新的生态系统。

信息物理系统作为国内外学术和科技领域研究开发的重要方向，最早由美国自然科学基金委员会提出。随着工业 4.0 战略的提出与全球推广，CPS 将成为各个企业优先选择发展的重点产业领域。

智能制造作为实现关键制造环节和工厂的设备、系统和数据的集成优化，以及制造流程与业务数字化管控的新型智能化制造技术与模式应用（详见本书 4.2 节），或将引领新一轮工业革命，并将逐步成为构成未来新型工业体系的先进制造模式。

工业互联网、CPS 以及智能制造作为制造业与信息技术深度融合的关键领域，三者各具特征又密不可分。本书观点认为，**CPS 是工业互联网的重要使能**，其核心技术支撑了工业互联网实现物理实体世界与虚拟信息世界的互联互通；**智能制造是工业互联网的关键应用**，通过工业互联网实现工业设备、资源与能力的接入、调度与协同，驱动制造活动的智能化实施。

本章将对信息物理系统的概念、技术特征以及关键技术进行较为深入的分析，并从系统与技术角度，分别阐述工业互联网与 CPS、智能制造的关系。

5.1　信息物理系统 CPS

2006 年 10 月，美国自然科学基金委（NSF）首次发起 CPS 专题讨论会，CPS 正式进入业界视野；2007 年 7 月，美国总统科学技术顾问委员会（PCAST）提出了以 CPS 为首位的 8 种关键信息技术，再次掀起 CPS 的研究热潮。随着工业 4.0 战略的提出与全球推广，CPS 在作为国内外学术和科技领域研究开发的重要方向的同时，也成为各个企业优先选择发展的重点产业领域。

新的信息世界观认为，世界已由传统意义上的二元世界过渡到现代的三元世界。三元融合的现代世界由实体世界、虚体世界和意识世界组成，实体世界即我们通常的物理世界，虚体世界指信息世界，意识世界则意指人类世界。**CPS 的核心应用需求正是解决信息物理二元融合的问题。**在 CPS 概念系统提出前，其实也不乏物理世界（实体世界）与信息世界（虚体世界）单向交互的案例，如通过大量传感器感知实体世界并生成大量数据与信息的传感器网络，以及接收远程遥控指令并执行具体物理动作的机械设备。但 CPS 真正意义上系统性实现了信息物理二元世界的双向交互与反馈闭环。任何产品的突破性创新和赢利能力都是原子和比特联姻的产物。[48]正是因为 CPS 实现了"原子和比特"的深度融合，才会在工业界引起如此广泛的关注。

5.1.1 信息物理系统 CPS 的概念内涵

在提出 CPS 理念后，美国自然基金委员会组织了一系列学术研讨会，各国科研学者也从理论方法、涉及领域、构成、运行环境、系统设计和功能实现等各个方面对 CPS 进行了深度研究。但是，由于 CPS 继承融合了工业、信息及其他多个领域的不同技术，本身复杂度较高，加之不同领域的研究者的认知角度、研究方向各不相同，导致对 CPS 的理解也各有不同，因此即使 10 年后的今天，业界也尚未对 CPS 完全达成共识，未能对 CPS 进行精准而全面的定义。本书将列举相对具有代表性的定义，再总结出参考性的定义。

美国 NSF 的定义：CPS 是计算资源与物理资源间的紧密集成与深度协作。[49]Lee E 提出，CPS 是一系列计算进程和物理进程组件的紧密集成，通过计算核心来监控物理实体的运行，而物理实体又借助于网络和计算组件实现对环境的感知和控制。[50]

Sastry 教授从计算科学与信息存储处理的层面出发，认为 CPS 集成了计算、通信和存储能力，能实时、可靠、安全、稳定和高效地运行，是能监控物理世界中各实体的网络化计算机系统。[51]

中国科学院的何积丰院士的定义：CPS 是在环境感知的基础上，深度融合了计算、通信和控制能力的可控、可信、可拓展的网络化物理设备系统，通过计算进程和物理进程相互影响的反馈循环，实现深度融合和实时交互来增加或扩展新的功能，以安全、可靠、高效和实时的方式检测或者控制一个物理实体。[52]

上述定义的侧重点各不相同，但总体倾向于将 CPS 定义为具备内嵌计算能力的网络化物理执行设备。本书基于上述定义与作者团队相关研究，给出 CPS 的参考定义：

CPS 是通过先进的传感、通信、计算与控制技术，基于数据与模型，驱动信息世界与物理世界的双向交互与反馈闭环，使得信息物理二元世界中涉及的人、机、物、环境、信息等要素自主智能地感知—连接—分析—决策—控制—执行，进而实现在给定的目标及时空约束下集成优化运行的一类系统。

5.1.2　信息物理系统 CPS 的技术特点

（1）以数据与模型为驱动。如前所述，CPS 以实现物理与信息世界的融合为核心目标，其一方面通过传感器、标识解析、采集板卡等感知前端获取物理实体数据来构建虚体世界中的数字化模型并驱动相应的计算与仿真进程；另一方面虚体模型通过智能化的仿真解算与分析决策，形成控制方法与执行指令下达至控制部件与物理执行单元，驱动相应的系统运行。因此，数据与模型构成 CPS 实现二元融合的核心驱动。

（2）感知与控制的交互闭环。感知与控制的交互和闭环是 CPS 的核心技术特色之一，也是 CPS 区别于传统传感器网络和自动化设备的重要差异。如图 5-1 所示，感知与连接重点打通物理世界到信息世界的数据上行通道，控制和执行则是将信息世界的决策指令下行反馈至物理世界，进而实现"感""控"的上下行交互闭环。

图 5-1　CPS 必须实现感知与控制的交互闭环

（3）内嵌的计算能力。自嵌运算是 CPS 接入设备的普遍特征，尤其是当 CPS 终端海量共存的情况下，依靠网络传输和云平台的集中解算难以支撑，如果把物联网视为瘦客户机服务器，那么多数 CPS 应用都可看作胖客户机/服务器架构，具备基于内嵌计算的自治能力。

（4）严格的目标与时空约束。从控制学角度，CPS 是典型的连续（物理量）与离散（数字量）混合的计算机控制系统，有严格的控制目标与较强的时（时间序列）空（空间范围）约束。尤其是当 CPS 系统的规模扩大、包含的各类设备与计算单元异构性越来越强时，其对时间序列的正确性要求会越来越高，即变得越来越时序敏感（time-critical），[53]从而要求 CPS 的分析决策与控制单元能够更好地处理不规律的指令和错误时序。

5.1.3　信息物理系统 CPS 的相关技术

对应于 CPS 的定义，CPS 的相关技术从门类上说总体包括传感、通信、计算与控制四大类技术。本节将介绍包括传感器网络、物联网、边缘计算与工业控制等主要相关技术，并重点阐述其在 CPS 中扮演的作用以及进一步发展的需求。

（1）CPS 与无线传感网络。

一定区域内部署的大量微型传感器节点通过无线通信方式组成网络，这些节点投放后，基本保持静态，其转优化技术程度高，具体链接方式不明朗，是一种开环的感知模式。无线传感器网络技术的发展有效支撑了CPS 自主感知能力的实现，但 CPS 对此提出了更高的要求，要求其克服目前大多数传感器面临的节点数量受限、电池寿命有限、价格偏高等一系列问题。

（2）CPS 与物联网。

物联网近年来在我国得到了高度重视和快速发展，其具体内容已在第三章中有所介绍，在此不再赘述。然而在业界一直存在一类观点，认为 CPS 与物联网在本质上是一类系统。本书认为，物联网是 CPS 技术的重要支撑，其主要差别在：

● 物联网中的物要满足以下条件：要有数据发送器和对应信息的接收器；要有数据传输通信链路；要有存储功能；要有 CPU 和操作系统；要有专门的应用程序；在世界网络中有可被识别的唯一编号，遵循物联网的通信协议。而 CPS 中，相关的计算模块、物理实体、通信模块、网络节点，甚至包括人自身，都可以被视为系统中的组件。

● CPS 强调的是对各物理组件的远程通信和控制，是一种感控的过程；而物联网所实现的仅仅是人对物体状态的感知功能，并不能实现远程实时控制。

● 物联网的通信。物品之间并无通信，大都发生在物品与服务器或物品和人之间，不具备 CPS 组件的自主交互和自嵌运算能力。

CPS 具有更好的容错性、计算管理能力、协同能力和适应能力，能够处理不确定环境下的海量异构数据。而物联网依赖传统的小型嵌入式芯片，并不能应对海量信息的提取和计算。由此可见，物联网的发展为 CPS 的实现提供了一个物物相连的网络通信环境。随着 CPS 技术在工业互联网等大规模实时服务系统中的应用和普及，未来 RFID 等物联技术将能实现对承载在工业物资之上的工业资源要素的实时精确调度和控制，而不仅仅是完成物品跟踪和监督。

（3）CPS 与边缘计算。

边缘计算早期也叫"雾计算"，是指在靠近物或数据源头的网络边缘侧，融合网络、计算、存储、应用核心能力的开放平台，能够就近提供边缘智能服务。云计算强化的是中心化概念，通过云平台与云中心为分散用户提供计算能力。"边缘"一词正是对应于"中心"而言，将计算更靠近前端，降低对云中心以及可能有延迟的通信网络的依赖。

边缘计算强化了 CPS 的自嵌计算能力。CPS 由于其严格的目标与时空约束，要求 CPS 终端设备能够对部分任务基于自嵌计算能力快速进行初步解算与预决策，而不是上传云平台后等待控制与执行指令。因此，某种程度上，CPS 设备也必须具备计算设备所需的存储器和外部设备，甚至操作系统、语言处理系统、数据处理系统等，来支撑计算过程和物理过程的实时有效交互。此外，CPS 更加关注边缘计算的实时性、安全性、可靠性、防御性、保密性以及自适应等能力。

（4）CPS 与工业控制系统。

工业控制系统（ICS）是一个通用术语，它涉及几种工业生产中使用的控制系统类型，包括监控和数据采集（SCADA）系统、分布式控制系统（DCS）和其他较小的控制系统配置，如可编程逻辑控制器（PLC），通常出现在工业部门和关键基础设施中。

工业控制系统是支撑 CPS 实现物理进程控制与执行的主要使能技术，但 CPS 又有别于现有的工业控制系统。现有的工业控制系统基本是封闭的系统，网络内部各个独立的子系统或者设备难以通过开放总线或者互联网进行互联，通信的功能比较弱。而 CPS 是涉及人和生物等感知因素的智能控制系统，强调的分布式应用系统中物理设备之间的协调是离不开通信的，因此，CPS 把通信放在与计算和控制同等地位上。CPS 不仅在 CPS 在被控对象的种类和数量，特别是在网络规模上都将远远超过现有的工控网络，也具有对网络中设备远程协控的能力。

5.2　CPS 是工业互联网的重要使能

通过前述分析可以看到，CPS 的目标是使物理系统具有计算、通信、精确控制、远程协作和自治等能力，它通过互联网组成各种相应自治控制系统和信息服务系统，完成物理空间与虚拟空间的有机协调，强调系统对物理世界的感知、反馈和控制作用。

CPS 的核心能力是解决物理世界与信息世界二元融合的问题将现实的物理世界映射为虚拟的数字模型，通过大数据分析，将最优的决策数据反馈给物理世界，优化物理世界运转效率，提升安全水平。工业互联网强调的是对工业生产系统的感知、互联和计算，实现对生产过程和产品服务的优化。CPS 能够有效运用工业互联网，实现物理实体世界与虚拟信息世界的感控闭环与双向交互，从而实现基于工业互联网的制造要素组织。因此，对于工业互联网与 CPS 的关系，本书认为，**CPS 是工业互联网的重要使能**。本节将从技术维度、系统维度和业务维度，对此观点进行论述。

5.2.1　技术维度：CPS 是工业互联网实现感控反馈回路的关键技术

从技术视角来看，CPS 通过在物理系统中嵌入计算与通信内核，实现计算进程（Computation Processes）与物理进程（Physical Processes）的一体化，实现嵌入式计算机与网络对物理进程可靠、实时和高效的监测、协调与控制。

传感器网络、物联网等技术的发起与研究均早于 CPS，然而在工业场景下的应用却显著落后于 CPS，其重要原因之一就是无法从技术上本质实

121

现感控反馈回路，使得必须由操作工人实现从感知检测数据到设备执行指令的转换。早期的工业互联网技术侧重于打通工业现场设备在工厂外更大范围的互联通路，如 GE 的发动机参数采集项目。

然而随着工业互联网技术发展的逐步深入，计算进程与物理进程的交互反馈要求越来越强，CPS 已经成为工业互联网实现感控反馈回路的关键技术。相应的感知设备通过感知和处理环境信息，并将信息发送到信息层，信息层结合用户需求的改变，调整模型，将指令传送给物理层相关组件，通过实体键的自主协调，执行系统要求的操作。

5.2.2 系统维度：CPS 是工业互联网联接物理执行系统的核心部件

CPS，从广义上来理解，就是一个在环境感知的基础上，深度融合了计算、通信和控制能力的可控可信可扩展的网络化物理设备系统。CPS 不仅由传感器节点构成，还包含执行器 CPS 在监控时需要保证闭环交互控制，以安全、可靠、高效和实时的方式监测或者控制物理实体。

实际上，多数时候在工业应用场景下，**CPS 是工业互联网联接物理执行系统的核心部件**。工业互联网建立的工业网络能够有效实现工业要素（包括物理系统与工业资源能力）的互联互通，如图 5-2 所示。工业互联网的工业网络以及工业云平台能够从系统角度实现对非执行物理系统（如传感器网络、数据采集设备等）以及工业资源能力（如模型、信息系统、知识产权）的服务接入、资源调度、数据处理、分析决策等活动，但必须依托 CPS 实现面向机器/现场设备/产线等物理执行系统的计算、控制与指令执行。工业互联网在云平台与物理执行单元之间都会构建小型的 CPS，将物理执行单元改造成具有状态数据上报与控制指令接受的智能单元，进而实现更复杂的制造应用。

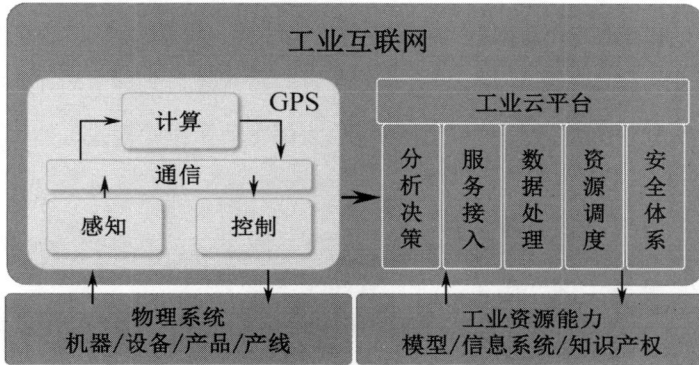

图 5-2　CPS 是工业互联网联接物理执行系统的核心部件

5.2.3　业务维度：CPS 是工业互联网面向机器设备的运行优化闭环

从业务角度，CPS 的终极目标是构建一个可控、可信、可扩展并且安全高效的 CPS 网络，实现信息世界和物理世界的完全融合，改变人类构建工程物理系统的方式。然而在现阶段的技术条件与应用深度下，CPS 的主要业务服务目标还是实现机器设备等具备执行能力的物理系统的智能运行与动态业务，并可以逐步扩展至产线、车间乃至工厂级。

结合月球车的例子对此进行说明。月球车是一种在月面环境下执行探测任务的自主运动系统，其控制模式是在深空遥操作下的自主行走控制模式。月球车自主实现环境识别、行走避障、姿态控制、深空通信等功能，其组成包含了多摄像头等感知设备、实时任务计算机、内部网络通信与外部数据链通信以及六轮协同运动等子系统。其环境感知、数据处理与轮系控制紧密交互、深度融合，是一个典型的 CPS 系统应用实例。理想模式下，月球车能够通过天地一体网络接收远在地球的航天控制中心的远程指

123

令进行动作，形成基于工业互联网的深空遥操作，如图 5-3 所示。受限于天地一体网络的通信时效，月球车需要采取自主控制的运行方式进行动作，其内部形成了包含感知、采集、计算、控制等核心环节的 CPS 运行与优化的闭环系统。这套闭环系统也成为深空遥操作的模式延伸。

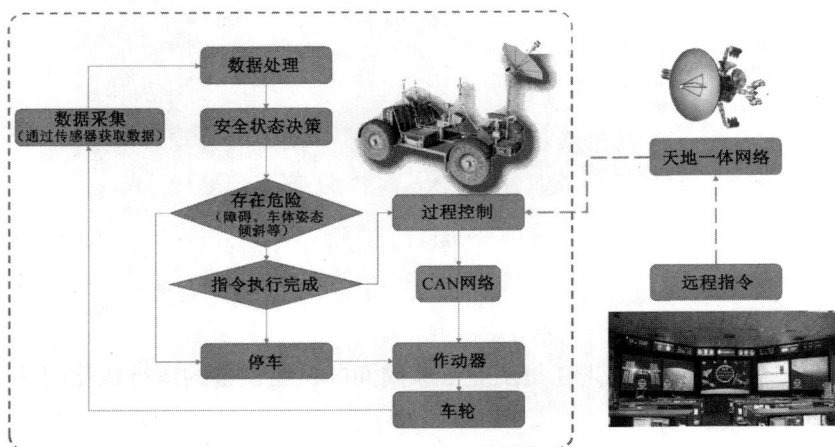

图 5-3　月球车自身构成了天地一体工业互联网中的 CPS 闭环

对照第二章中介绍工业互联网提到的三大闭环，即面向机器设备运行优化的闭环、面向生产运营优化的闭环以及面向企业协同、用户交互与产品服务优化的闭环。其中第一层面向机器设备运行优化的闭环是工业互联网与物理层要素关联的主要业务环节，其核心是基于对机器操作数据、生产环境数据的实时感知和边缘计算，实现机器设备的动态优化调整。工业互联网在这一层次的闭环，主要依托 CPS 来实现。因此，我们认为，CPS 是工业互联网面向机器设备的运行优化闭环。

5.3　智能制造是工业互联网的关键应用

作为当前新一轮产业变革的核心驱动和战略焦点，智能制造是贯穿于设计、生产、管理、营销、售后等各环节，融合了物联网、互联网、大数据、云计算等新一代信息技术，具有信息深度自感知、智慧优化自决策、精准控制自执行等功能的先进制造过程、系统与模式的总称。智能制造具有以智能工厂为载体、以生产关键制造环节智能化为核心、以端到端数据流为基础、以全面深度互联为支撑四大特征。

智能制造与工业互联网有着紧密的联系，智能制造的实现主要依托两方面基础能力，一是工业制造技术，包括先进装备、先进材料和先进工艺等，是决定制造边界与制造能力的根本；二是工业互联网，包括智能传感控制软硬件、新型工业网络、工业大数据平台等综合信息技术要素，是充分发挥工业装备、工艺和材料潜能，提高生产效率、优化资源配置效率、创造差异化产品和实现服务增值的关键。因此我们认为，**智能制造是工业互联网的关键应用**，通过工业互联网实现工业设备、资源与能力的接入、调度与协同，驱动制造活动的智能化实施。

5.3.1　技术维度：智能制造依赖工业互联网实现工业要素互联互通

作为支撑智能制造的关键综合信息基础设施，工业互联网将机器、人、控制系统与信息系统进行有效连接，全面深度感知、实时动态传输工业数据，通过高级建模分析，形成智能决策与控制，驱动制造业的智能化。在工业互联网几大要素中，网络是基础，数据是核心，安全是保障。基于网络的实时传输、高效的数据分析，在安全可信的前提下，工业互联网支撑实现单个机器到生产线、车间、工厂乃至整个工业体系的智能决策和动态优化。

工业互联网结合了新一代信息技术与先进制造相关软硬件技术，将信息连接对象由人扩大到有自我感知和执行能力的智能物体，是信息通信技术创新成果的集中体现和互联网的演进和发展的新阶段。

通过工业互联网将无处不在的传感器、嵌入式终端系统、智能控制系统、通信设施等集成互联，使人与人、人与机器、机器与机器以及服务与服务之间能够智能互联，智能制造实现了关键制造环节和工厂的设备、系统和数据的集成优化，以及制造流程与业务数字化管控的智能化制造模式。因此，工业互联网成为支撑智能制造实现工业要素互联互通的核心技术。

5.3.2 系统维度：智能制造依托工业互联网建立支撑平台与工控网络

智能制造是信息化和工业化深度融合的主攻方向，是适应新一轮科技革命和产业变革的必然要求。实施智能制造离不开工业互联网这一关键基础设施的支撑。

对于构建能够实现关键制造环节和工厂的设备、系统和数据的集成优化，以及制造流程与业务数字化管控的智能制造系统，必须要解决两方面问题：一是工厂内各类设备、产线等制造单元的网络化互联；二是集成接入各类能够为上层智能制造应用所动态调用的制造资源与能力服务。以基于航天云网实现的某工厂智能制造系统架构（如图5-4所示）为例，对于底层 OT 层的各类设备与资源的接入依托于相应的网络与通信模块以及数据采集与智能控制单元来实现，通过系统集成后基于 AOP 平台的微服务接口供上层协同研发、协同管控以及协同服务所调用。因此，从系统维度来看，工业互联网在智能制造系统中扮演了支撑平台和工控网络等基础设施的角色。

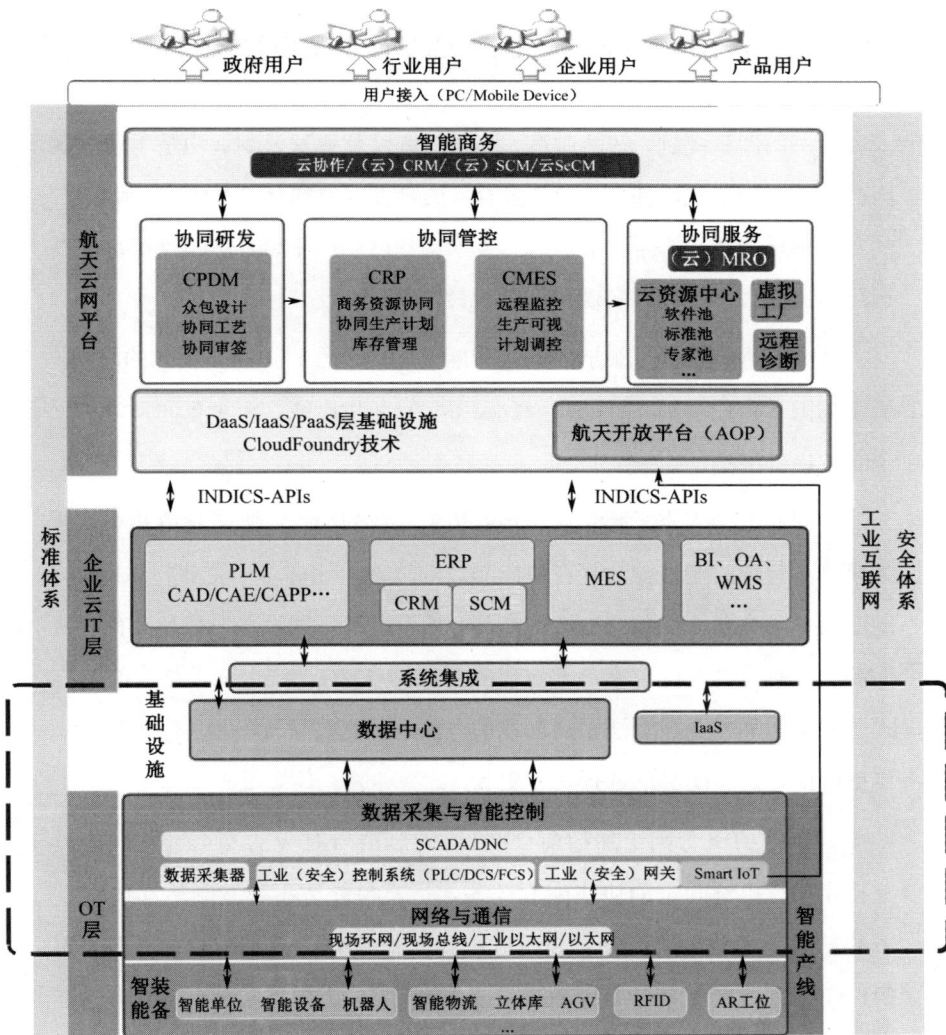

图 5-4　基于航天云网实现的某工厂智能制造系统架构

5.3.3　业务维度：智能制造依靠工业互联网实现工厂内部智能化运行

本书第四章提到，智能制造、协同制造以及智慧云制造均是工业互联网的关键应用模式，都是"两化融合"的延伸，也都是"互联网+制造业"的具体体现形式，都需要基于信息技术构建网络或平台，落脚点都是通过运用互联网技术推动并实现制造业的转型升级。

从业务维度来看，智能制造是智能化制造过程、系统与模式的总称，通常局限于企业内部，可以在一台设备、一条生产线、一个车间，或者一个企业内部实现。

协同制造则聚焦于跨企业、异地和多专业的协作。协同制造并不是新鲜概念，传统的制造业就存在协同制造的形态，比如若干企业相互协作，制造出单一企业无法独立制造的产品。只不过互联网经济时代所称的"协同制造"具有特定的意义：通过工业互联网 OTO（线上线下结合）的方式协同制造某一企业无法独立制造的产品，不仅更高效，而且协作配套过程更便捷，协作配套的选择余地更大。

云制造的概念则更加超前一些。协同制造所对应的制造过程一般具有特定的、相对固定的协作配套关系，而云制造是在智能制造和协同制造的基础上再往前走一步：制造过程的协作配套关系是随机的、不固定的；任务完成随时解除配套关系。云制造真正反映"工业互联网"的互联网特性。

由此看来，智能制造、协同制造以及智慧云制造都需要通过工业互联网实现分布、异构的人机物各类工业要素的互联互通与优化运行，但其业务实施与资源整合的范围有所不同。智能制造的核心业务目标，正是依靠工业互联网，实现工厂内部的智能化运行，如图 5-5 所示。

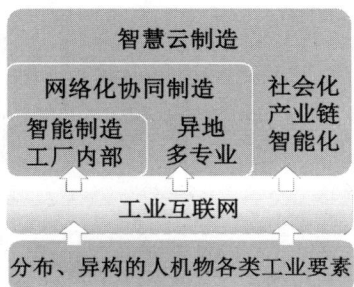

图 5-5　智能制造、协同制造以及智慧云制造均是工业互联网的关键应用模式

第六章

工业互联网应用解决方案

基于云平台的智能云工厂解决方案

面向行业应用的行业云解决方案

面向区域应用的工业云解决方案

工信部从两化融合的角度对《中国制造 2025》及"互联网+"行动计划进行了解读，既总结了德国"工业 4.0"对智能工厂的描述（利用物联网及大数据技术实现生产环节的数字化、网络化和智能化），还包括将工业与消费互联网融合创新，实现以消费驱动生产和销售的精准营销和个性化定制，进而重塑生产过程，推动制造业的延伸服务化发展。

智能制造利用信息物理系统（Cyber-Physical Systems，CPS），依托于传感器、工业软件、网络通信系统以及新型人机交互方式，实现人、设备、产品等制造要素和资源的相互识别、实时联通和有效交流，促进制造业研发、生产、管理、服务与互联网紧密结合，推动生产的定制化、柔性化、绿色化和网络化的发展。

发展工业互联网，可以从智能设备、智能分析控制、智能网络、智能工厂等不同的方面进行切入。在实现智能工厂以及产业协作的过程中，互联网不断驱动新产品、新业态、新模式的萌芽与发展，例如云设计、规模化定制、网络协同生产、远程服务以及各种其他智能硬件产品。

6.1 基于云平台的智能云工厂解决方案

智能制造以发展智能设备为基础，以智能云工厂为突破口，同时依赖于实现从设计、供应链、制造到服务的产业协作。

智能云工厂利用互联网络，通过设备监控、先进传感器、大数据技术等手段，达成工厂不同层级和软件系统的互联互通，形成状态感知—实时分析—自主决策—精准执行—学习提升的生产模式。智能云工厂强调的是信息管理服务，旨在提高生产过程可控性、减少生产线人工干预，从而实现人与机器的相互协调合作。

建设智能云工厂是实现智能制造的重要步骤。基于云平台的智能云工厂建设，以智慧云制造（云+智能工厂）为指导思想，利用云平台将现有的制造资源与能力进行深度整合，支持线下制造转为线上制造。

6.1.1 智能云工厂的组成

基于云平台的智能云工厂主要由航天云网平台、企业云、工业互联网络、智能产线和数据中心等五部分组成，其核心业务模式为涵盖智能制造及协同制造的"云制造"，并在此基础上形成由"一软（云端工业核心软件、数据中心）"、"一硬（工业控制、感知和智能化）"、"两类制造资源（硬制造资源和软制造资源）"、"一网（工业［互］物联网络）"和"一平台（工业云制造平台）"构成的新工业基础设施。

航天云网平台是打造云端新制造模式的线上云平台，主要提供协同研发、协同管控、协同服务的应用。航天云网平台以生产制造业务为核心，应用先进大数据技术、CloudFoundry 容器技术等为用户提供 DaaS、IaaS、

PaaS、SaaS 服务。

企业云平台主要利用云计算技术搭建企业内部的信息化管理系统，充分发挥企业的服务器资源和计算资源的能力，实现软件系统的高度集成和统一，为企业提供产品全生命周期管理服务，实现研发和生产规划环节的智能化协同、企业经营管理的流程化和精益化以及生产管控的透明化和柔性化。

工业互联网络主要解决各种设备、系统之间互联互通的问题，包含现场级、车间级、企业级设备和系统之间的互联以及企业信息系统、产品、用户与云平台之间不同场景的互联。

智能产线是实现智能化的生产组织，根据产品的特点和工艺，合理优化地建设相应的数控机床、机器人、输送带、智能检测设备等内容，通过传感器、控制器以及现场网络的建设，建成精准自执行的产线，达到自动化、柔性化生产的目的。

数据中心通过冗余的数据通信连接、环境控制设备、监控设备以及各种安全装置等，为企业信息化系统及设备搭建企业内部的"数据仓库"提供跨系统和基于工业大数据的查询、分析和事务处理的稳定保障。

6.1.2 智能云工厂的价值

基于云平台的智能云工厂的价值主要表现在以下三个方面：

（1）工厂/企业层面：快速有效地获取用户的个性化定制需求，根据个性化需求完成设计和生产管理；快速地组建跨企业生产协作配套，进行跨企业排产调度管理，支持社会化制造；同时利用社会广泛的设计、生产能力，以服务化的形式向外提供自身的制造资源和能力，实现资源共享、能力协同。

（2）产线/车间层面：支持智能装备的动态组建和支持柔性化生产，

针对不同的生产任务形成生产体系，实现高效的生产协作控制；同时，对生产状况进行自主决策，合理有效地控制生产节拍，实现精益制造。

（3）装备/设备层面：支持设备根据生产环境的变化进行自适应调整，同时，装备或设备通过识别相应的生产任务信息，支持人机协同作业，极大提高生产效率，减低生产作业的复杂程度，降低岗位对工人的技术要求，减少培训时间和培训费用。

6.1.3 智能云工厂的建设

基于云平台的智能云工厂旨在通过"航天云网平台+企业云平台"的建设，融合目前"互联网+智能制造"的新技术，打造智能工业互联网平台及生态环境，构建产业链生态体系，形成面向云服务、高效低耗、基于知识的网络化敏捷聚合的云制造新模式，实现线上与线下相结合、制造与服务相结合、创新与创业相结合的新业态，为政府、行业、企业、产品等用户提供不同领域、不同程度的信息、数据、分析服务。

基于云平台的智能云工厂主要包括航天云网平台、企业云平台、智能产线、工业互联网络、数据中心以及标准体系和安全体系的建设。

1. 云平台（航天云网平台）

线上云平台以航天云网的应用为依托，以生产制造业务为核心，以用户订单为驱动，利用 CloudFoundry 容器技术、大数据技术、微服务技术、人工智能技术等新一代信息技术，提供智能研发、智能管控、智能服务和智能商务等制造业的全产业链云服务，继而结合企业经营策略，逐步牵引底端（设备、岗位、工厂）进行数字化、网络化、智能化建设，最终达到智能云工厂建设的目标。

（1）航天云网平台通过 CPDM 与企业 PLM 系统的集成，帮助企业管理基于网络平台开展的所有项目，实现众包设计、协同工艺、协同签审等业务的协同。

（2）航天云网平台通过 CRP 与企业 ERP 的集成，实现基于云端的协同销售售后、协同生产计划以及云商务适配器，使客户通过在线下单缩短生产交易的时间，使外协外购供应商在线匹配缩短供应商选择周期，从而提高管理效率，降低运营成本。

（3）航天云网平台的 CMES 模块为企业提供轻量级 MES 应用云服务。该服务立足于企业间协同生产的业务需求，提供企业生产现场的远程监控、生产可视、计划跨企业调度的功能，实现生产执行的过程管控。

（4）航天云网平台通过数据采集工具 Smart IoT 获取制造现场的设备、设施、产品等的数据，通过 MindSphere 平台基于云端的智能诊断服务，形成服务知识库和诊断规则，从而进行设备或产品的实时状态分析，优化设备使用方法，进行设备预防性维护。

2. 企业云

企业云是通过对 ERP、PLM、MES、OA 及人工智能等现有信息化技术的集成，整合企业信息资源，优化管理流程，提供基于企业云的精益生产、全生命周期管理、透明管控等解决方案。

企业云平台包含了产品全生命周期管理系统、企业资源计划管理系统、制造执行管控系统、供应链管理系统、客户关系管理系统五大系统。企业云平台通过建立以 PLM 为核心的并行设计研发体系、以 ERP 为核心的经营管理顶层体系、以 MES 系统为核心的生产管控体系等生产信息化标准体系，达成与专有云系统的协同交互。通过系统间的数据交互和资源优化，实现企业内部信息流的透明化，并形成企业外部信息、资源与企业内部生产联动的模式。

（1）产品全生命周期管理系统支持需求分解、产品设计、工艺设计、设计工艺协同、BOM 规划、BOP 设计、仿真分析（包括设计、工艺、装配仿真、工厂仿真、物流仿真等）、试验验证、项目管理、样机制造等产品全生命周期业务过程。

（2）企业资源计划管理系统能够使企业经营管理过程中的业务操作、审核、传递处理更加标准化、规范化，避免业务重复操作，做到信息共享，实现以销售订单为主线的全程供应链管理。

（3）制造执行管控系统能够接收 ERP 系统下发的客户订单并优化生产流程，梳理制造工艺、质量管控、设备管理、物料配送、人员管理等业务流程，通过排产运算形成精细工单指导现场生产过程，并通过生产过程控制对生产进度、产品质量、设备状态进行实时监控和反馈。

（4）供应链管理系统对供应链的各个环节中的物料、资金、信息等资源进行计划、调度、调配、控制与利用，形成对用户、零售商、分销商、制造商、采购供应商的过程管理功能。

（5）客户关系管理系统通过对客户详细资料的深入分析，提高客户满意程度；对公司的人员、业务流程与专业技术进行有效整合，使企业可以根据市场需求低成本、高效率地研发更为优质的产品，并实现企业与市场的学习型关系和点对点的营销模式。

3. 智能产线

通过搭建柔性、混线生产线，快速响应、适应不同的生产工艺及生产线带来的变化，提高不同种类产品的生产效率，大幅提高设备利用率，能够自主地判断、调节产线的生产节拍、进度，实时采集生产数据进行学习分析，对优化产线性能做出指导分析，同时在生产过程中自主判断并绕开产生故障的生产设备，以保证稳定的生产能力。

智能产线建设包括以下内容：

（1）智能生产加工装备。

智能装备已具备数据接口及控制器，可接受并执行中央控制系统的命令；智能装备设备的状态和数据反馈至控制系统，控制系统可根据设备状态安排工作计划，还将重要数据存储起来；智能装备之间的数据和状态信息通过工业以太网互相传递，使零件在不同生产设备之间的流转具有连续性，进而形成离散型制造的"流水线"。

（2）工业机器人。

工业机器人是面向工业领域的多关节机械手或多自由度的机器装置，可以靠自身动力和控制能力来实现各种功能，自动执行工作。工业机器人自诞生以来正逐渐取代人工，被应用到了焊接、刷漆、组装、采集和放置、产品检测和测试等各个方面。根据制造业务分类，主要可分为切割机器人、自动装配机器人、物流机器人、智能手持设备等。

（3）在线检测。

在线检测模块由视觉系统、图像传感器、专用测试仪器、工业以太网等组成。根据产品生产工艺要求，在线检测模块利用专用测试仪器或视觉系统对产品质量控制点进行识别和检测，对检测结果进行分类、分析和统计，向控制系统反馈检测数据和检测结果。

（4）智能工位。

操作工人通过 HMI 反馈工位对于工件、物料、辅助工具、计划文件、作业指导等的需求，产线控制系统及时驱动设备及子系统工作以满足需求；车间人员可在智能工位上查看工位的生产计划、生产任务以及生产文件、工艺文件、物料及工具清单、检测文件等，为人工参与的生产环节及活动提供作业指导。

智能工位模块还能够向上层系统实时反馈工位的工作状态、生产、质量、过程数据；看板系统对反馈信息进行展示、统计与分析；控制系统根据反馈信息对产线生产状态进行调整。

（5）安全报警设备。

安全报警设备由急停按钮、复位按钮、警示灯、分布式 IO 组成。

产线设备、子系统发生故障或产品质量发生严重问题时，报警系统接收来自设备的故障信息和手动报警装置，系统自动上报报警状态，并以警示灯提示报警。产线控制系统对报警状态进行统一处理，看板系统显示产线异常的详细状况，并通知相关人员进行故障排除。

（6）智能物流仓储。

智能物流仓储系统由智能仓库、AGV 系统和配送系统组成。智能物流仓储系统以实现原料/坯料的出库、半成品/在制品的流转、成品入库、工装/工具的流转等环节的精准配送为目标，实现进出库、运输的自动化以及配送时间、地点的精准化。

（7）生产辅助系统。

生产辅助系统主要是指为了车间（产线）生产的精益管理而配套开展的相关系统的建设，主要包括编码系统、Andon 系统以及防错系统。其中编码系统是对企业所有物品（原材料、成品、半成品等）进行管理，生成唯一的识别码，从而实现数据采集的自动化和精准化；Andon 系统是针对生产设备的状况、生产加工的情况进行报警或提示；防错系统是防止操作者因疏漏或遗忘而发生作业失误以及由此所致的质量缺陷，从而大幅提高产品的质量水平和作业的效率。

4. 工业网络

工业网络互联的实施主要是解决工业互联网络中的各种设备、系统之间互联互通的问题，涉及现场级、车间级、企业级设备和系统之间的互联，以及企业信息系统、产品、用户与云平台之间不同场景的互联；针对现有工业系统进行改造，既包含现有设备与系统的网络化改造，还包含新型网络连接的建设，实现企业设备、产线、车间、工厂、企业和云平台之间的互联互通。

（1）企业内部网络建设。

智能云工厂车间内网络呈现"两层三级"的结构。"两层"是指存在"工厂 IT 网络"和"工厂 OT 网络"两层技术异构的网络；"三级"是指根据目前工厂管理层级的划分，网络也被分为"现场级"、"车间级"、"工厂级/企业级"三个层次，每层之间的网络配置和管理策略相互独立。

工厂 OT 网络主要实现技术分为现场总线和工业以太网两大类，用于连接生产现场的控制器、传感器、伺服器、监控设备等部件。工厂 IT 网络通过网关设备实现与互联网和现场网络的互联和安全隔离。

（2）智能云工厂 OT 层网络建设。

智能云工厂建议使用工业以太网以及下环型网络拓扑结构，以保证车间内部网络的稳定性与可靠性。整个工厂的生产网络以及车间内部各主控 PLC 以冗余环型拓扑结构连接，从而保证整个网络的实时性、可靠性。此网络通过与 MES 服务器与 SCADA 服务器的连接，完成产品工艺数据的下载、设备状态、诊断、能源数据的采集和监控等，以及生产车间大屏实时显示。

（3）企业网络与云平台互联。

企业网络与云平台互联主要是指通过系统集成和工业物联网网关两种方式实现互联与数据交换。

IT 系统集成方式通过开放企业网络中的 ERP 系统、MES 系统以及 SCADA 系统、DNC 系统中的数据，利用云平台的接口对系统数据库中的数据进行调用与集成。

工业物联网通过在工业网络中安装工业物联网网关，在企业内部网络中采集传感器、控制系统、IT 系统中的相关数据并进行预处理后与云平台进行数据交互。

5. 数据中心

云平台数据中心架构（如图 6-1 所示）由五个相对独立又相互联系的层次组成，自下而上为：业务数据层、数据采集层、数据管理层、数据服务层和数据应用层。

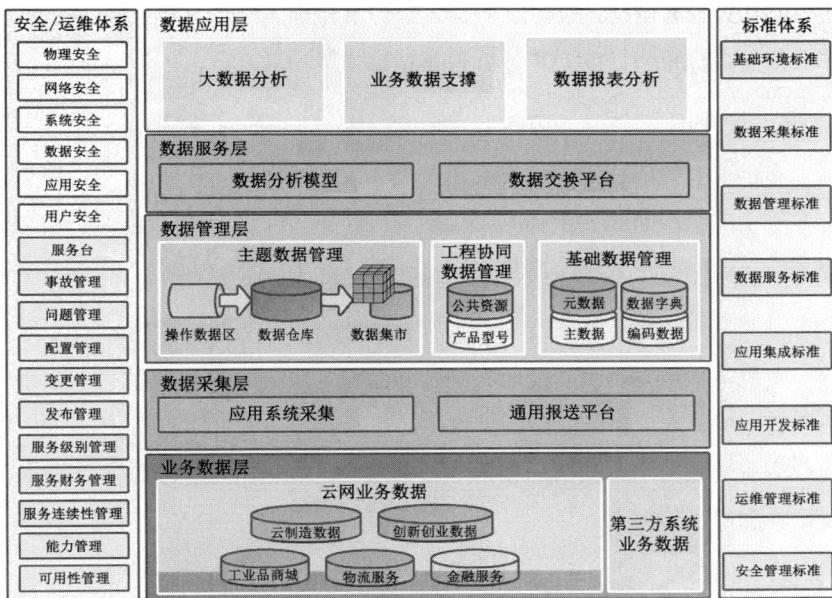

图 6-1　云平台数据中心架构

（1）业务数据层：是各类管理、生产信息系统，以及这些业务系统中的数据资源。

（2）数据采集层：包括通用报送企业云平台和应用系统采集两大功能，其中应用系统采集主要通过 ETL 等工具实现。数据采集层可以实现业务数据的自动获取和及时上报。

（3）数据管理层：包括对以业务主题数据为对象的数据仓库管理，以元数据、主数据、数据字典、编码数据为对象的基础数据管理，以及以工程协同数据为对象的工程协同数据管理。

（4）数据服务层：数据服务层包括数据交换平台和数据分析模型两个部分。数据交换平台能够实现业务数据、基础数据以及主题数据等的横向交换和纵向交换。

（5）数据应用层：数据应用层包括决策分析支撑平台和业务协作支撑平台，并提供报表、OLAP 分析和数据挖掘等功能。

6. 安全体系

为了保障智能云工厂信息系统安全、稳定地运行，智能云工厂还需构筑多层次的纵深防御安全体系，包括主机防护、网络防护、运行防护、物理防护与策略防护五层防御体系。

（1）主机防护。

主机防护层主要负责及时升级操作系统、数据库的补丁程序，关闭不必要的服务、端口，降低主机受攻击的风险；部署病毒防护系统、主机入侵检测系统以检测并响应病毒、木马的攻击；采用应用程序白名单技术，阻止恶意程序的运行。

（2）网络防护。

网络防护层使用工业防火墙、工业隔离网关等安全设备保护进入工业控制系统的入口点与横向边界；通过身份认证系统规范外部安全域用户对内部安全域的访问；采取 VPN、数据加密等措施，保护工控远程通信安全；安全态势感知平台通过收集安全防护设备的数据，对外部的攻击与危害行为可以及时地发现并进行应急响应。

（3）运行防护。

运行防护层通过对数据库重要数据、网络设备配置参数、工控设备控制程序等数据的备份，保证发生故障时数据的可靠性；预先确定应急响应策略，确保在受到外部攻击或遭遇自然灾害时损失的最小化；通过变更控制、规范网络设备与应用系统规则设置、权限修改等操作；按照岗位职责对各类信息系统的用户实行分级授权管理，进行细粒度的访问控制。

（4）物理防护。

物理安全是智能云工厂系统信息安全的前提，通过对环境、设备、介质的管控，确保智能云工厂的信息网络、设备具有严格的访问权限，需要访问的人员必须经过授权才可接触。

（5）策略防护。

策略防护层通过建立完善的安全策略、高效的日志和事件管理机制，有效地管理和使用软件补丁，并针对企业设备技术人员和信息人员开展信息安全培训，提高人员安全防范意识，扫除安全事故隐患。

通过建立"多层架构，立体防御"的智能云工厂信息安全架构，根据企业的实际需要从主机防护、网络防护、运行防护、物理防护与策略防护五个层次构建立体防御体系，为智能云工厂制定相应的防护策略，部署必要的信息安全防护产品，从而提高整个智能云工厂信息网络的信息安全等级。

6.2 面向行业应用的行业云解决方案

行业云是面向食品、软件、化工、模具等重点行业而搭建的平台，行业云板块可以基于工业云的平台能力，针对这些行业的实际需求进行"增链"、"强链"、"补链"，为这些行业提供个性化的产品和服务，促进这些行业整体水平的提升。

作为公有云的重要组成部分，行业云有效实现行业内的数据共享及数据活化，提供更好的公众服务，是推动社会生产力发展的核心动力。

同时，行业云也可以帮助行业数据拥有者将数据转化为服务能力，提升业务价值。

行业云的特点：

（1）服务公众，但是数据对于特定行业价值较大。

（2）服务涉及的数据资源具有垄断性和不可替代性。

（3）对行业云而言，数据就是第一生产力，是行业云核心的资产。

（4）行业云的功能在于实现从数据到服务的转化。例如，在地图导航业务中，通过导航设备收集到的车流量等海量数据，经过挖掘分析和多点碰撞处理，可以得到交通流量、交通预警等信息，进而提供给交警部门及社会大众使用，方便大众出行。

6.2.1　行业云的价值

行业云是各个行业资源的汇聚，再以服务的形式服务于企业，以解决资源和信息方面的严重不对称的问题，特别是行业云可以促进资源信息（数据）在行业内部的聚集和共享。行业云不仅可以实现行业内的数据共享，也可以帮助行业数据拥有者将数据转换为服务，提升业务价值。

从社会的角度看，未来的行业云将是一种引导性的社会服务。现代经济社会是以信息公开和快速流动作为前提的，人们对于信息的需求、信息服务不断提高。相比公众云，行业云能提供更加丰富的信息服务，如针对商业组织的市场情报与服务，针对农林牧生产的地理、气象信息和服务等等。过去，企业内部分支机构往往是信息孤岛，行业云可以实现数据共享和信息互联，从而连接孤岛，让企业内部形成小型生态圈。当诸多同一行业的企业聚集于一个行业云时，有利于促进整个产业链的协同发展，互利共赢。

6.2.2 技术架构

如图 6-2 所示，行业云的技术架构主要有基础设备、服务层、应用层三层。基础设备层是将各类计算资源、存储资源等资源池化；服务层整合数据管理、部署管理、安全管理、资源虚拟化、资源调度管理等各模块，通过标准化的服务接口（RESTful API）为应用层上的各行业提供专业的服务。

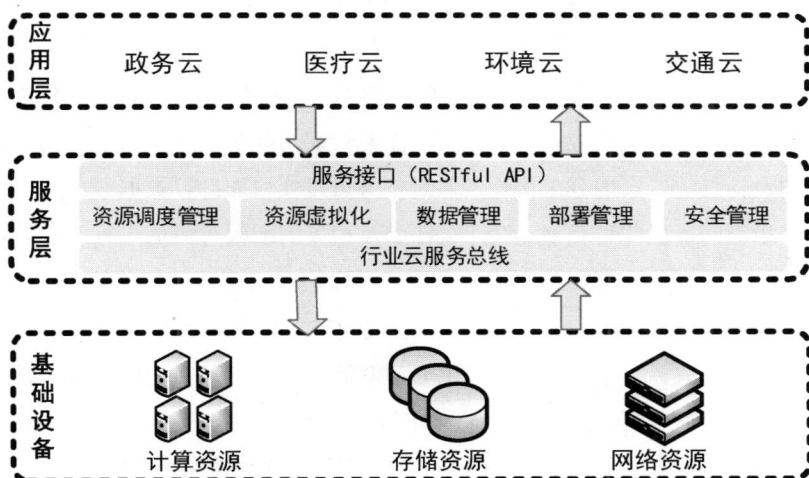

图 6-2　行业云的技术架构

行业云的特点在于既发挥了网络的协同共享作用又能保持数据的独立性。作为我国云计算应用的突破口，行业云的落地较好满足了国内企业对性能与安全的双重需求，目前国内相关企业已在建筑、化工、医疗、军工、金融、通信、电力以及公安、医疗、交通、税务等诸多行业推出了解决方案。

6.2.3　应用技术体系

行业云是针对行业有偿或无偿提供服务的平台，根据不同的行业提供不同的技术。主要应用到的技术包括云设计、云协作、供应链云服务、云生产、营销链云服务、售后链云服务。

1.　云设计

云设计是通过云平台，整合行业中设计活动的计划、流程、数据、软件等各类设计资源，提供云端服务，帮助企业完成设计、分析、工艺等业务活动。

云设计中心的功能主要包括任务管理、数据管理、在线设计/分析、在线工艺设计以及专家在线咨询等。任务管理功能可以分发或众包用户提交的设计任务，实现分工协作，并对任务进度实时跟踪；数据管理功能主要是指对产品的零件信息、设计文件以及相关的配置等数据进行云存储及管理，以及企业内部和跨企业的会签流转和模型管理功能；另外，云设计中心提供资源池内设计/分析软件的在线使用，提供参考模型及典型案例的分析、集成、共享及管理；提供 CAPP 等工艺类软件，使用户能进行在线设计和工艺分析；在线专家咨询功能使用户可以浏览资源池里存储的专家信息，并根据需要选择专家，与专家在线上进行实时的设计、分析以及工艺等方面的咨询。

云设计中心的客户价值所在：

（1）实现分布、异地设计团队协同开发。

（2）规范企业内外业务流程管理，维护数据一致性。

（3）PDM、CAD、CAE 等软件改买为租，降低建设与运维成本。

（4）资源池为企业所用，降低人力与组织成本。

2. 云协作

云协作整合面向制造过程全生命周期的制造服务，提供服务的在线发布、搜索、选比、评价等对接交易全过程支撑功能，整合社会化专业资源形成 3D 打印云服务、工程仿真云服务、软件外包云服务等工业云服务，供用户在线使用，同时提供软件、知识产权、标准规范、专家等资源集中经营、共享使用的在线资源池。

云协作中心的客户价值，是帮助企业突破自身资源能力的限制，消除信息不对称，找到优质制造服务商；帮助制造服务商找到商机，拓展市场渠道，释放闲置产能；降低企业配置、交易和使用资源/服务的风险和成本。

3. 供应链云服务

云供应链提供对企业内部进销存的管理以及企业间进销存业务交互的服务。企业实现从计划、物料申购、采购到出入库、结算等全部环节的业务流程数字化和规范化管理。通过供应链云服务打通企业间采购、销售、仓储管理等数据接口，实现企业间协同和无缝对接。

供应链云服务可以借助往来的业务信息管理供应商信息、资质，建立信用评级制度，更好地掌控产业供应链；提供直接下单、询报价、招投标等多类采购业务模式，完成交易撮合，降低采购成本；严格管控采购计划、订单和合同，规范企业内部流程；完成扫码出入库和动态库存管理，对货物进行应收付管理。

供应链云服务的客户价值所在：

（1）针对客户需求，为客户动态、敏捷地构建供应链。

（2）对价格、订单、应收应付等严格管控，为客户提供供应链精细化管理。

（3）提高库存准确率，缩短采购周期与销售周期，加快库存周转率。

（4）提供移动办公方式，使客户能够随时随地办理业务。

（5）提供各类统计分析报表，为经营决策提供数据支持，提高业务精细化管控水平。

4．云生产

云生产中心通过生产任务管理、云排产调度、云 ERP、云设备等功能整合生产活动的设备、工具、量具等资源，在行业云平台集成计划、流程、数据、软件等，利用高级计划排程，帮助企业实现生产资源的共享，高效使用企业的各类资源，降低资源闲置。

企业通过云排产调度实现跨工厂的生产计划排程，可以解决自身生产能力不足的难题；通过生产任务管理，统计分析各产线、各厂区当前生产任务的情况；通过云设备在线远程监控、操作各类机器设备；通过在线租用云 ERP、云 MES 系统，降低建设维护的费用。

云生产中心的客户价值所在：

（1）帮助企业打造面向生产的动态协作网络，实现生产业务过程的柔性重组、自动衔接、全局优化。

（2）降低企业信息系统（ERP、MES）建设、运维成本，变买为租。

（3）向用户提供最优质的社会化加工、检测等设备。

（4）帮助生产企业释放产能，提高生产加工资源利用率。

5．营销链云服务

云营销链服务主要实现对营销业务的全程管控，包括的主要功能有：

（1）实现订单管理、费用管理、价格管理、推广促销、竞品分析等多维度管控。

（2）从批发到零售的基于二维码的全过程跟踪。

（3）总部、区域、经销商、销售网点等多级管理。

云营销链服务的客户价值所在：

（1）覆盖销售过程各个环节，全面掌握企业销售经营情况。

（2）支持传统营销模式，移动终端营销、微信营销等多种营销模式。

（3）降低企业营销成本，提高营销效率。

6. 售后链云服务

企业通过售后链云服务快速响应用户反馈，提升用户满意度，改变传统服务模式。云售后链服务包括的主要功能有：

（1）支持企业用户管理、配件管理、库存管理、安装管理、维修管理、回访管理、结算管理等多重管控。

（2）从销售订单到售后服务接单的自动化流转。

云售后链服务的客户价值所在：

（1）基于行业客户提供个性化、终端化管理。

（2）自动化接单，快速响应用户反馈，提升用户满意度。

（3）实现从售后服务单到生产订单自动化流转，基于用户反馈定制产品，改变传统服务模式。

6.3　面向区域应用的工业云解决方案

工业云是一种新型的网络化制造服务模式，融合先进制造技术和互联网、云计算、物联网、大数据等信息技术，以公共服务平台为载体，通过虚拟化、服务化和协同化汇聚分布、异构制造资源和能力，在制造全生命周期各个阶段提供优质、及时、低成本的服务，实现制造需求和社会资源的高质高效对接。[54]其主要特征包括：

（1）制造资源高度集成和共享。工业云服务平台整合产品的研发设计、生产销售、使用、维护保养等全生命周期各个阶段，为用户方便、快捷地提供各种制造服务，以实现社会化制造资源的高度共享、制造能力的高度协同、全产业链的开放协作。

（2）面向网络的制造。任何企业、个人都可以向工业云平台贡献制造资源、制造能力、制造技术和知识；任何企业、个人都可以在平台上获取所需的制造资源、制造能力、制造技术和知识，开展活动。

（3）按需提供服务。工业云平台上的制造资源、制造能力、制造技术、制造知识等都能作为服务提供给用户，还可以随时随地组织相关服务商为用户提供所需的服务，实现"制造即服务"。

6.3.1 工业云在区域应用中的价值

2013 年，北京、天津、河北、内蒙古、黑龙江、上海、江苏、浙江、山东、河南、湖北、广东、重庆、贵州、青海、宁夏 16 个省市被工信部确定为首批工业云创新服务试点，建设工业云服务平台，推进制造需求和社会化制造资源的高质高效对接。在区域应用中，工业云发挥的重要作用包括：

（1）降低企业信息化应用门槛。工业云模式为企业提供了一种全新的产业生态环境，企业既能够方便、灵活、低成本地从工业云平台在线获取所需资源和工具，又不必占用大量的资金和人力成本来购置和维护，降低了企业尤其是中小微企业利用信息化开展创新的成本和门槛，推动两化融合水平提升，增强企业市场竞争力。

（2）促进企业创新能力提升。工业云平台有效整合、汇聚个人和企业创新资源和成果，为企业创新提供智力和资源支持，推动企业创新模式变革，提高企业研发效率，充分利用社会化智慧来增强企业创新能力。

（3）推动企业生产方式和产业组织创新。工业云推动生产互联化和社会化制造资源共享，盘活存量制造资源，破解制造能力地区发展不平衡和不协调的问题，提高资源利用率，降低社会整体的资源使用成本。通过工业云平台，企业既能准确把握用户的需求，抓住市场机遇，拓宽企业业务渠道，提升企业的运营效率，发挥"1+1>2"的协同效应。

6.3.2　工业云总体体系架构

工业云面向"两类用户"（企业及公众用户、政府用户）提供"三类服务"（企业云服务、产业云服务以及区域云服务）。工业云创新服务平台总体架构由资源层、网络层、基础层、平台应用层、门户层五部分以及安全、标准两大服务体系组成，如图 6-3 所示。

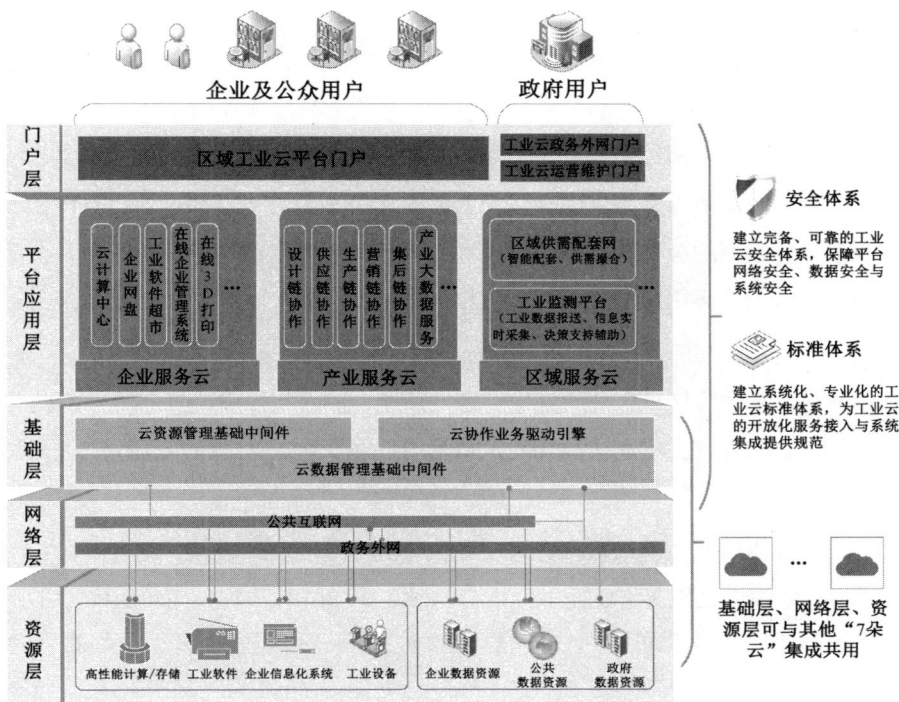

图 6-3　工业云创新服务平台总体架构

（1）资源层。

资源层主要包括工业资源与数据资源两大类：工业资源主要包括高性能计算/存储资源、工业软件资源、企业信息化系统资源以及工业设备资源；数据资源主要包括来自各型企业的企业数据资源、来自互联网的公共数据资源以及来自各级政府平台的政府数据资源。

（2）网络层。

各类资源通过网络层的公共互联网以及政务外网进行联通，并为上层应用提供资源与数据支持。其中政务外网主要集成各级政府及医疗、水电等企事业单位平台的非密敏感数据，经过过滤后通过互联网为工业云提供服务。

（3）基础层。

基础层服务包括云数据管理基础中间件、云资源管理基础中间件以及云协作业务驱动引擎三部分。

云数据管理基础中间件集成并实时采集来自各企业的企业数据资源、来自互联网的公共数据资源以及来自各级政府平台的政府数据资源，并为工业云上层应用服务提供数据支撑。

云资源管理基础中间件通过云计算、SOA 等技术手段实现计算、存储、网络、软件等信息资源的集中管理、调度、监控和使用，为上层应用提供统一基础设施支撑和负载均衡、高可用、互操作、认证授权、计量、开放测试等应用支撑。

云协作业务驱动引擎通过工作流方式驱动各类研发链、供应链、生产链、营销链及服务链上企业间业务数据、表单的按流程按角色驱动，并基于云架构的多租户方式，能够为不同企业、不同用户提供个性化、按需的系统服务。

（4）平台应用层。

企业服务云平台：主要提供包括高性能计算/存储资源、工业软件资源、企业信息化系统资源以及工业设备资源等各类资源服务在内的企业应用服务。

产业服务云平台：为企业用户提供各类研发链、供应链、生产链及营销链、服务链上的跨企业协作服务，并基于工业云平台采集的各类大数据为企业提供产业级大数据增值服务，以及面向产业的金融、物流等配套服务。

区域服务云平台：一方面以省配套网为基础，结合大数据及人工智能技术，为企业提供智能化的区域性配套与供求撮合服务；另一方面以省产业市场监测平台为基础，利用物联网技术实现的实时工业运行数据采集，实现区域性工业经济管控与基于数据的决策辅助等相关功能。

（5）门户层。

工业云平台在面向政府、企业及公共用户时提供界面友好、风格统一的区域工业云门户，将工业云平台服务集中开放给各类用户。包括基于政务外网、面向政府的产业监测平台门户和基于互联网、面向企业和个人用户的工业云平台门户。工业云门户同时支持互联网、移动互联网多种访问渠道，支持 PC、手机、平板等丰富的访问终端。

（6）安全与信用体系。

工业云平台贯穿于企业的生产、研发、销售等核心业务过程，涉及设计图纸、生产 BOM 数据、订单信息、客户关系、财务、人力资源等核心数据，因此，需要从技术、管理、外部保障三个角度，从网络、数据、应用三个层面建立一套"可防、可控、可查"的全方位的安全规范体系。

（7）标准体系。

工业云平台是一项体系架构复杂、涉及面广、建设周期长、需要多方合作共建的大型系统工程，且工业云平台建成后要走市场化运营的道路，因此，从组织、建设到运维、管理，再到市场化运营，都离不开主管部门、参建单位、合作企业以及运营机构的组织和协作，建立配套、完善的标准规范体系则是平台建设开发和运行管理规范化、制度化的保障。

标准规范体系涵盖工业云平台的建设、推广和运营过程，主要分为技术规范、数据标准和管理制度三类，如图 6-4 所示。

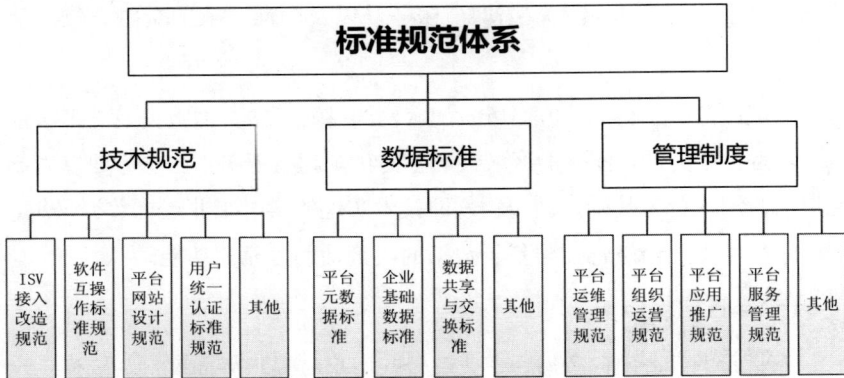

图 6-4　标准规范体系

技术规范：主要用于规范平台自身的研发过程和平台各类服务的接入及互操作过程，主要包括第三方软件（ISV）接入改造规范、软件互操作规范、平台网站设计规范、用户统一认证规范等。

数据标准：主要用于维护工业云平台在数据层面的统一性，从而便于各类服务之间的信息共享与交换，主要包括平台元数据标准、企业基础数据标准、数据共享与交换标准等。

管理制度：主要用于规范平台自身的运营推广和对外服务过程，主要包括平台运维管理规范、平台组织运营规范、平台应用推广规范、平台服务管理规范等。

6.3.3　工业云应用服务体系

工业云应用服务体系大体分为四个层次，包括面向企业、产业与区域的工业云基础服务，以及以大数据为核心的工业云增值服务体系，如表 6-1 所示。其中，区域的工业云基础服务涉及智能配套与供求撮合服务和工业/产业监测服务等内容。

表 6-1　工业云应用服务体系

层次	服务类型	服务内容
企业云服务	云计算中心	整合各类计算中心能力，为企业提供在线云计算服务
	企业网盘	为企业提供数据、文件安全存储备份的网盘
	工业软件超市	集成整合并在线化商品化工业软件应用服务
	在线企业管理系统	为企业提供在线 OA、ERP、CRM 等信息化服务
	在线 3D 打印	提供 3D 打印设备的在线应用
	……	
产业云服务	研发链协作	为跨企业开展在线协同研发、模型会签等设计协作提供在线系统支持
	供应链协作	提供按需、动态的跨企业供应链管控服务
	生产链协作	支持企业产品委外加工、云排产等在线协作
	营销链协作	提供完备的跨企业营销渠道管控服务
	服务链协作	提供完备的跨企业售前、售中、售后管控服务
	……	
区域云服务	智能配套与供求撮合服务	为省内企业提供智能化的企业供求关系匹配与撮合服务
	工业/产业监测服务	为政府提供实时采集的工业运行数据与统计分析，决策支持
	……	
大数据服务	产业大数据服务	基于公共数据、企业业务数据及政府行业数据，为企业提供精准营销、BI/II 等大数据增值服务
	金融物流配套服务	提供支付、金融信贷、第三方物流等配套服务
	……	

第七章

国内外主流工业互联网平台分析

国外主流工业互联网平台

国内主流工业互联网平台

当前，国内外主流工业互联网平台大致可以分为三类。

第一类是以美国 GE 公司 Predix 为代表的工业互联网平台，侧重于从产品维护与运营的视角，自上而下，实现人、机、物和流程的互联互通，基于工业大数据技术，为用户提供核心资产的监控、检测、诊断和评估等服务。

第二类是以德国西门子公司 MindSphere 为代表的工业互联网平台，侧重于从生产设备维护与运营的角度，自下而上，为企业提供设备预防性维护、能源数据管理以及工厂资源优化等智能工厂改造服务。

第三类是以我国航天科工集团的航天云网平台（INDICS）为代表的工业互联网平台，是针对复杂产品制造所面临的大协作配套，多学科、跨专业多轮迭代，多品种、小批量、变批量柔性生产等重大现实问题与需求，从工业体系重构与资源共享和能力协同的视角，通过高效整合和共享国内外高、中、低端产业要素与优质资源，以资源虚拟化、能力服务化的云制造为核心业务模式，以提供覆盖产业链全过程和全要素的生产性服务为主线，构建"线上与线下相结合、制造与服务相结合、创新与创业相结合"、适应互联网经济新业态的云端生态；自下而上，结合企业经营策略，逐步牵引底端（设备、岗位、工厂）进行数字化、网络化、智能化建设，最终达到智能工厂和智能制造的目标。

对这三类工业互联网平台的服务能力进行分析，如表 7-1 所示，在网关接入、OT 层接入和云平台架构等能力方面，三类平台基本具有同等的服务能力；但由于构建的视角的不同，三类平台提供的软件接入能力和云应用服务能力有所不同。

表 7-1　三类国内外主流工业互联网平台服务能力清单

	INDICS	Mindsphere	Predix
软件接入能力	提供 CAD/CAE、ERP/CRM、CMES/CPDM/CRP 等 100 余款工业软件，并已实现部分软件的云化接入	提供 TeamCenter、MOM 等多种 PLM、MES 软件，暂未支持云化软件接入	提供多种 PLM、ERP 软件，暂未支持云化软件接入
网关接入能力	提供 Smart IoT 标准系列、传感器系列、高性能系列等三类工业网关，以及 INDICS-API 定制化软件接入方式	提供 Nano、IoT2000 等标准系列和高性能系列工业网关、提供定制化的软件接入方式	提供 M2M、M2DC 标准系列工业网关接入
OT 层接入能力	支持 OPC-UA，MQTT，Modbus，Profinet 等主流工业现场通信接口协议	支持 OPC-UA、Modbus、MQTT、Profinet 等工业现场通信接口协议	支持 OPC-UA、Modbus、MQTT 等工业现场通信接口协议
云平台架构能力	拥有独立自主 PaaS 平台；提供 RabbitMQ、PostgreSQL、Redis、MongoDB、Cassandra、Swift 等中间件服务，提供自主可控的昆仑数据库服务，提供 Hadoop、Spark 等大数据建模分析服务	基于第三方的 PaaS 平台；提供 RabbitMQ、PostgreSQL、Redis、MongoDB、Cassandra、Swift 等中间件服务，以及 Hadoop、Spark 等大数据建模分析服务	拥有独立自主 PaaS 平台；提供 RabbitMQ、PostgreSQL、Redis、MongoDB、Cassandra、Swift 等中间件服务，以及基于算法库的数据分析框架

续表

	INDICS	Mindsphere	Predix
云应用服务能力	提供智能生产、智能设计、智能管控、智能服务全产业链应用服务	提供维修预警、在线监控等生产设备维护与运营服务	提供性能管理、运营优化等产品维护与运营服务

7.1　国外主流工业互联网平台

7.1.1　Predix：GE 开放的软件平台

1. 企业介绍

美国通用电气公司（GE）是一家多元化的国际公司，公司业务覆盖航空、医疗、家电、金融等多领域，是美国工业时代诞生的最优秀的企业之一。

2012 年 GE 发布工业互联网白皮书，正式提出工业互联网概念，阐述了工业互联网时代 1%的潜力所蕴含的价值，指出公司未来业务发展的方向，初步明确了基于工业互联网提供工业服务的转型远景。[55]基于传统工业时代的积累，GE 公司潜心打造了全球第一个工业互联网平台——Predix，并于 2015 年 7 月，向全球开放了接口，正式步入基于工业互联网平台，提供工业服务的发展轨道。Predix 平台基于物联网连接工业领域的关键设备、控制系统和业务信息系统，持续收集其中的数据，通过大数据关联分析和挖掘，提供增值服务，如预测性维修、精准决策等。

2. 技术概况

从图 7-1 所示的技术架构上来看,Predix 平台从底层设备到云端服务,可划分为工业设备层、工业网络安全连接层、用户网关层、互联网通用连接层及云端服务层,打通了工业领域与互联网之间的每个环节,为企业及用户提供了工业设备数据的实时采集、传输、存储与大数据分析等功能,并以此为基础提供建模服务、资产服务、数据服务和应用安全服务等一系列应用与增值服务。

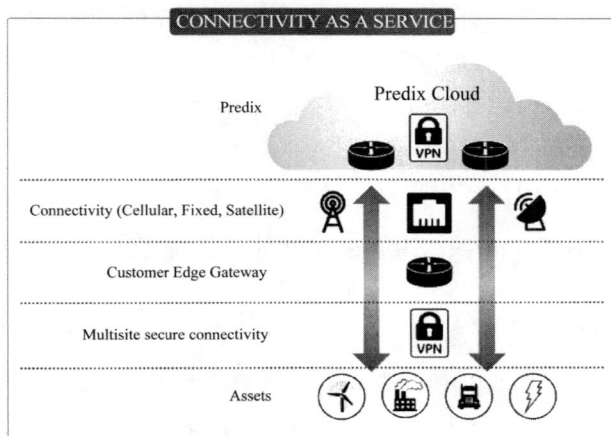

图 7-1　Predix 平台技术架构[56]

3. 应用情况

Predix 作为支撑 GE 公司战略化转型的核心平台,自 2011 年成立单独的研发中心投入重金开发以来,其功能和性能已经成熟。目前,Predix 已在多个业务领域得到应用,显现出了强大的应用价值,为 GE 带来了丰厚的商业回报。随着 Predix 平台的持续升级,以及工业领域应用广度和深度的拓展,未来 GE 极有可能成为全球十大软件公司之一。资产性能管理系统(APM)是 Predix 平台的核心应用系统之一,能将工业设备及相关运营商接入云端，并监控和分析采集的数据，帮助用户核心工业资产实现无故障的运行。目前，APM 每天处理万亿台设备上千万个传感器的数据。

在航空领域，亚洲航空（AirAsia）的飞行效率优化是 GE 工业互联网应用的一个成功案例，该公司通过部署 GE 的飞行效率服务（Flight Efficiency Services，FES），实现了交通流量管理、飞行序列和路径优化，节省了 1000 万美元的油费，预计到 2017 年，节省的燃油费用将超过 3000 万美元。

在能源领域，德国的意昂集团通过部署 GE 的 Wind PowerUp，使用工业互联网技术，收集和分析风力发电机运行过程的数据，实现了整体发电功率 4%的提升，每年增量生产 40 千兆瓦/时的电力，相当于一个我国一个小镇居民的年度用电量。

7.1.2　MindSphere：Siemens 开放的工业云

1. 企业介绍

西门子公司是德国的一家跨越 3 个世纪的工业巨头，秉承欧洲工业革命的先发优势，一直是全球工业领域排行榜领头羊。西门子公司的业务领域包括电气化、自动化、能源、医疗等，自 2007 年收购 UGS 跨入数字化领域以来，更是如虎添翼，凭借工业自动化和控制领域的主导地位，迅速占领 PLM 市场，2017 年已成为全球 PLM 市场的冠军。

在新一轮工业革命大潮中，西门子面向工业互联网时代推出工业互联网平台——MindSphere，提供远程设备维护、工业大数据和网络安全服务，能有效提升大型能源设备（燃气轮机、风力发电机）、轨道交通、大型楼宇及医疗设备的性能。

2. 技术概况

西门子公司 2016 年 4 月发布了 MindSphere 的公共测试版本——基于 SAP Hana 的工业数据分析智能服务平台，面向设备 OEM 厂商或者终端用户提供智能数据服务。MindShpere 技术架构如图 7-2 所示。[57]

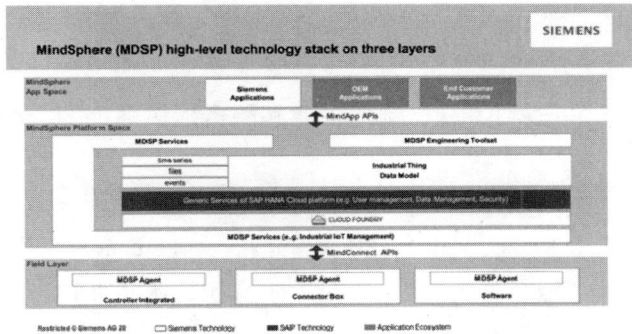

图 7-2　MindSphere 技术架构[58]

MindSphere 在架构方面分为三个层次：现场层、平台层和应用层。现场层的设备或者设备机群通过连接器（IoT 2000）、集成控制器和应用软件三种方式与云平台集成对接；平台层为注册用户提供数字开发环境、数字建模等一系列服务；应用层基于现场层与平台层的有效集成，针对西门子设备、OEM 设备和终端用户提供弹性的应用服务。

随着工业云的发展和成熟，设备制造商及厂商可以通过 MindSphere 平台监测其设备机群，同时，MindSphere 还提供了数控机床以及驱动链的预防性维护、能源数据管理以及工厂资源优化服务，缩短了设备停工时间，为西门子的工厂数字化服务奠定了坚实的基础，并据此开创新的商业模式。

3. 应用情况

西门子医疗系统有限公司（Siemens Healthineers）是著名的大型医疗设备解决方案供应商，其业务方向包括医疗成像和诊断领域等。近年，西门子公司将工业互联网技术应用到医疗领域，使用 MindSphere 提供的工业互联网服务，在监测生理数据的同时，结合机器诊断分析，提升了疾病诊断和分析的准确性，初步具备了智能医疗的形态。

在轨道交通领域，MindSphere 能基于大数据技术为轨道交通运行提供安全运行监控和预防性维护等服务，发现与分析铁路存在的安全问题，结合西门子在工业数字化、自动化领域的信息整合能力，适时发出有效的指令，避免了各类隐患，提升轨道交通的可靠性和安全性。

7.1.3 Virtual Fort Knox：制造企业和服务提供商的 IT 云平台

1. 平台介绍

Virtual Fort Knox（VFK）是由费劳恩霍夫（Fraunhofer）牵头研发的一个为中小型工业企业和工程公司提供安全的 IT 服务的平台，以简化 IT 系统在工业价值链中的应用。由于 VFK 是由德国联邦政府财政部和经济部资助，因此在德国工业 4.0 规划实施中，VFK 已成为德国工业 4.0 技术测试和应用推广的重要基础平台。

2. 技术概况

VFK 在技术架构方面，分为设备层、云平台层与应用层，如图 7-3 所示。VFK 与其他工业互联网平台不同，更关注整条工业价值链中信息链的安全性。VFK 在为企业提供生产制造过程中复杂问题的 IT 系统解决方案的同时，还通过德国 BSI-Certified 数据中心保障业务过程信息安全，从而保证企业业务的连续性与数据的安全性。

3. 应用情况

VFK 的目标是帮助企业加快实现工业 4.0 战略规划的目标。目前，制造技术和自动化研究所（IPA）基于 VFK 验证和培育了超过 70 个不同成熟度的工业 4.0 标准案例，并培养起超过 20 家独立的工业 4.0 供应商，形成产业体系，为企业提供实施服务。

当前，在费劳恩霍夫协会的组织下，5个改进VFK功能的项目正在开展用以扩展和完善VFK的功能，应对快速提升的工业互联网需求，更好地提供工业4.0/工业互联网技术服务。

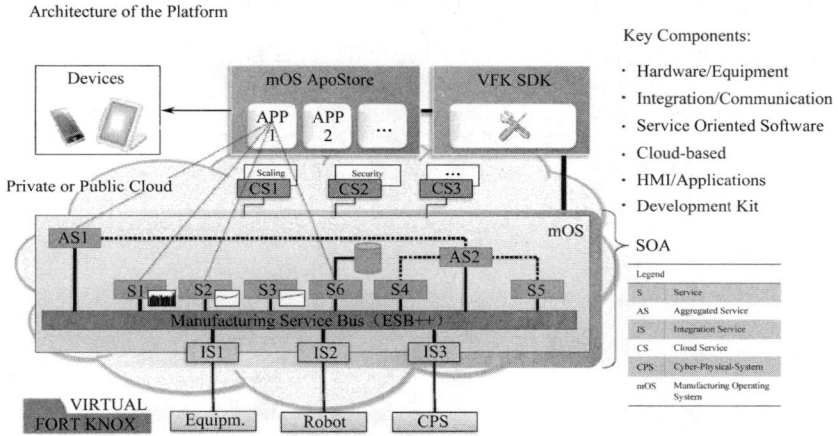

图7-3　VFK平台技术架构[59]

7.2　国内主流工业互联网平台

7.2.1　COSMO：海尔开放互联工厂平台

1.　企业介绍

海尔集团是我国的一家家电制造企业，与动辄跨越一个世纪的国际制造业巨头相比，海尔仅用了30多年的时间即成为全球知名的大型家电品牌，成为我国改革开放以来制造业迅速发展的一个缩影，某种意义上已是中国制造的一张名片。随着工业互联网时代的来临，海尔意识到必须颠覆传统的封闭体系，通过互联互通，打造基于用户价值交互的共创共赢生态圈，实现攸关各方的共赢增值。

为此，海尔面向互联网时代，打造互联工厂，实现用户全流程参与的个性化定制；实现用户、产品相关过程、供应链等上下游产业链整合；实现自上而下的用户需求和车间自动化生产的紧密结合。

2. 技术概况

海尔的互联网工厂具有三个典型特征，如图7-4所示：

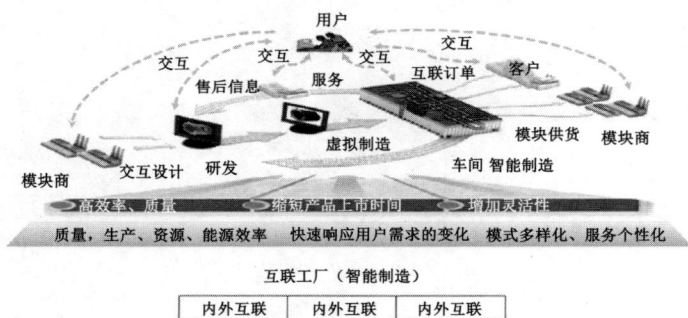

图 7-4 海尔互联网工厂图解[60]

（1）用户全流程实时互联。用户可以通过 PC、手机等终端，基于网络按需定制产品，并参与设计、制造等过程，实现个性化诉求。

（2）用户到工厂现场全关联。基于用户的订单，自动生成定制化的配件采购需求，并下达到海尔全球的供应商，从而减少产品个性化定制过程供应链中间环节，在工厂通过物料的智能互联和自动配送，实现柔性化的生产方式，生产出的产品根据关联的用户订单直接配送给用户。

（3）全流程透明可视。用户可以基于网络跟踪和查询订单的状态，获取产品生产进程、产品的配送情况，跟踪产品从发出订单到生产及交货全过程，实现全流程的透明和可视。

互联工厂由三大平台构成：用户交互定制平台、开放创新平台、智能制造平台。[61]

（1）用户交互定制平台：众创汇。

众创汇是海尔面向客户推出的用户交互定制平台，具备模块定制和众创定制两大功能。基于该平台，实现用户在线参与设计，资源方参与协同。

（2）开放创新平台：HOPE。

HOPE 平台是一个开放创新平台，它连接用户需求和创新资源，通过汇聚创意和开放式的交流，实现用户需求和实现的自交互，从而加速 H-创意到创新、H-创新到产品的转化。

HOPE 平台为用户和合作伙伴创造了无缝的交互和聚合的条件，能推动如空气圈、食品圈、水圈等交互圈子的形成，持续有效地推动创新、创意的升级。

（3）智能制造平台。

智能制造平台的目标包括提高质量、效率和资/能源的利用率，保障高品质、高质量的生产；加快响应用户需求的速度，缩短产品交付周期，实现产品全生命周期的可视；强化生产组织管理的多样性和生产过程的柔性，打造个性化定制和柔性化生产一体的工业业态。

3. 应用情况

海尔互联工厂已在四大产业基地得到应用并建成了示范工厂，包括沈阳冰箱互联工厂、郑州空调互联工厂、滚筒洗衣机互联工厂和青岛热水器互联工厂。

沈阳冰箱工厂是海尔第一个智能互联工厂。该工厂将传统的 100 多米长串行生产线，改造成 4 条 18 米长的智能生产线，并通过智能配送线实现了点对点精准匹配生产和全自动即时配送，并通过模块化设计，把传统的几百个零部件转化为十几个主要的定制化模块，实现按用户需求定制化生产。目前该工厂支持 9 个平台 500 个型号的柔性大规模定制，人员配置减少 57%，单线产能提升了 80%，单位面积产出提升了 100%，订单交付周期缩短了 47%，成为全球生产节拍最快的冰箱工厂。[62]

郑州空调互联工厂建设了 3 类生产线，对于批量大、个性化需求少的大众产品，使用高自动化定制生产线；对于批量小、个性化需求多的小众产品，使用柔性定制生产线；对于高度定制的产品，使用单元定制生产线，目前该工厂能提供由 11 个通用模块和 4 个个性模块组成的 200 多种用户柔性定制方案。

7.2.2 ROOTCloud：三一重工树根互联平台

1. 企业介绍

树根互联技术有限公司（以下简称树根互联）成立于 2016 年，是三一集团针对工业互联网时代，顺应我国"智能制造"及"中国制造 2025"潮流成立的工业互联网技术公司。该公司的产品基于三一集团工程机械物联网平台打造，本是为三一集团的工程机械提供物联网服务，目前已向社会开放，成为工业互联网服务平台。

树根互联的特点在于通过工程机械的联网和在线服务积累了较为丰富的工业互联网实践经验，是我国较有代表性的一类工业互联网平台。

2. 技术概况

树根互联工业互联网平台采用"终端+云端"的架构，结合配套的传感器和智能套件，实现工业核心设备的信息状态感知和数据收集，目前，树根互联融入大数据、云计算、人工智能以及虚拟现实技术，将机器、数据、流程、人等因素融合创新，形成工业领域各行业的端到端解决方案，提供基于工业大数据的增值服务，如图 7-5 所示。

图 7-5　树根互联工业互联网提供的服务类型[63]

3. 应用情况

树根互联采用云平台按需付费的模式提供工业互联网服务，在应用的时候企业不需要大量的经费投入，能大幅度降低企业应用工业互联网技术的成本，基于树根互联提供的工业互联网接入平台、物联网和工业领域技术和技术团队，目前平台已在多家企业得到应用。如高空作业平台制造和技术服务商星邦重工基于树根互联平台和配套的传感器和智能套件，接入了设备运行和工况信息，实现了远程获取设备运行参数和工况数据，初步形成了产品的智能化控制及监控。

截至 2017 年，树根互联工业互联网平台已接入超过 20 万台设备，实时采集和检测 5000 多个运行参数。

第八章

航天云网

INDICS 总体架构

核心关键技术

核心产品

产品服务体系

应用情况

　　航天云网（工业互联网云系统 INDICS）是中国航天科工集团公司自主研发的工业互联网平台。航天云网（Logo 如图 8-1 所示）以云制造为核心，提供门户网站运维服务，智能制造、协同制造、云制造底层软件开发，云端企业智能化、智慧化改造，产品、制造资源共享与协作配套，工业大数据及其应用，云制造质量星级认证，云端企业信用认证，云端第三方支付与金融服务，云制造应用软件（CMAPP）开放式"双创"，工业互联网数据与平台安全，工业互联网标准架构及相关标准拟制和第三方工业互联网平台应用环境多种业务服务，形成"互联网+智能制造"系统解决方案。

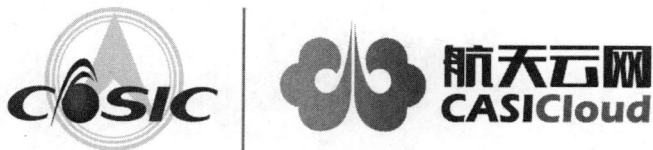

图 8-1　航天云网图标

　　工业互联网云系统 INDICS 线上（平台端）通过高效整合和共享国内外高、中、低端产业要素与优质资源，以资源虚拟化、能力服务化的云制造为核心业务模式，以提供覆盖产业链全过程和全要素的生产性服务为主线，构建"线上与线下相结合、制造与服务相结合、创新与创业相结合"、适应互联网经济新业态的云端生态；线下智能工厂从云端（智能制造新模式）构建出发，结合企业经营策略，逐步牵引底端（设备、岗位、工厂）进行数字化、网络化、智能化建设，最终达到数字化工厂和智能制造的目标。

8.1 INDICS 总体架构

工业互联网云系统 INDICS 总体架构（如图 8-2 所示）包括 INDICS 工业应用 APP 层、INDICS 云平台层、平台接入层、工业物联网层和资源层五层。

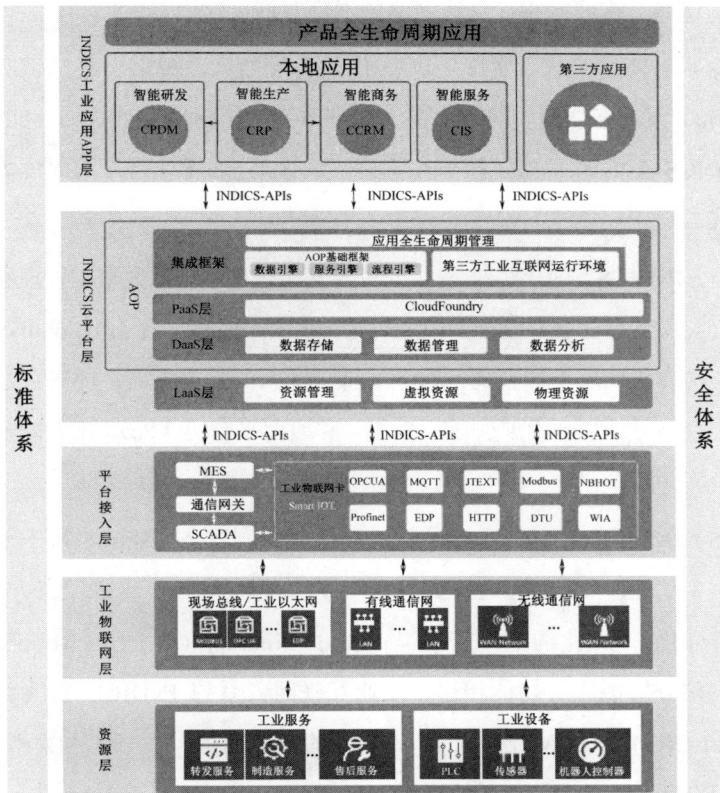

图 8-2 工业互联网云系统 INDICS 总体架构

（1）资源层。实现产品研制全产业链资源/能力的接入，提供生产制造、试验验证、计量检测等各类资源/能力的接入能力，以及各类工业设备，包括机械加工、环境试验、电器互联、计量器具、仿真试验等 21 类工业设备的接入能力。

（2）工业物联网层。实现各类工业设备的通信互联，支持 OPC-UA、MQTT、Modbus、Profinet 等主流工业现场通信协议的通信互联，支持工业现场总线、有线网络、无线网络的通信互联。

（3）平台接入层。实现工厂/车间的云端接入，提供自主知识产权的 Smart IoT 系列智能网关接入产品（标准系列、传感器系列、高性能系列）和 INDICS-APIs 软件接入接口，支持"云计算+边缘计算"的混合数据计算模式。

（4）INDICS 云平台层。提供云资源基础设施管理、大数据管理和应用支撑公共服务等云服务功能。以业界主流开源 PaaS 云平台 CloudFoundry 基础架构作为底层支撑架构，有效支持工业云的能力扩展；同时自建数据中心，直接提供基础设施层（IaaS 层）和通用平台层（PaaS 层）的基础云服务。

（5）INDICS 工业应用 APP 层。提供面向制造全产业链、基于平台开发的原生工业应用 APP，同时提供开发接口，形成基于平台的第三方应用，支持多样化、个性化的用户需求。与 GE 的 Predix 和西门子的 MindSphere 仅提供部分智能服务功能相比，工业互联网云系统 INDICS 提供了以云协作/云 CRM/云 SCM/云 SeCM 为核心的智能商务、以云 CAD/云 CAE/云 CAPP/云 CAM/云 PDM/协同设计 CoDesign 为核心的智能研发、以云 ERP/云排产 CRP/云 MES/虚拟云工厂为核心的智能管控和以远程监控、智能诊断、售后服务、资产管理为核心的智能服务等制造全产业链的工业应用服务功能。

（6）安全体系和标准体系。基于自主可控的安全防护体系，为智能制造系统的用户身份、资源访问和数据等提供安全保障；通过标准规范体系，规范智能制造系统技术应用和平台的准入、监管和评估等过程。

8.2　核心关键技术

工业互联网云系统 INDICS 基于泛在网络，深度融合新兴的制造科学技术、信息通信科学技术、智能科学技术及制造应用领域技术 4 类技术，构建了以用户为中心的、统一经营的智慧云制造服务平台，打造一种基于泛在网络，以用户为中心，人/机/物/环境/信息融合，互联化、服务化、协同化、个性化（定制化）、柔性化、社会化的智慧制造新模式。其涉及的核心关键技术主要包括以下九个方面。

（1）工业互联网总体及云平台技术。

工业互联网总体及云平台技术主要包括工业互联网体系架构、基于云制造的工业互联网应用模式、智能制造资源/能力的虚拟化和服务化、云端智能制造环境的构建/管理/运行/评估，以及标准体系和评估体系等关键技术。

（2）基于互联网的制造全过程协同及工业软件技术。

围绕制造业全产业链、全过程的协同需求，主要包括基于互联网的协同研发、协同生产、智能服务和协同商务等云端协同技术，特别是云化产品全生命周期管理（CPDM）、云化企业资源管理（CRP）和云化制造执行过程管理（CMES）等云制造核心工业软件技术。

（3）装备智能化及物联技术。

装备智能化及物联技术主要涉及制造装备的智能化改造技术，采用工业适配器、传感器、条形码、RFID、摄像头、人机界面等感知技术，实现制造装备相关状态信息的自动或半自动感知；以及基于工业物联网智能网关的智能装备集成互联技术。

（4）工业控制与工业网络互联技术。

工业控制与工业网络互联技术主要涉及工业现场工业控制技术，以及基于 OPC-UA、MQTT、Modbus、Profinet 等主流工业现场通信协议的工业网络通信互联技术，支持工业现场总线、有线网络、无线网络的通信互联。

（5）基于 CPS 的智能云工厂技术。

基于 CPS 的智能云工厂技术主要涉及人、机、物、环境、信息融合条件下，基于 CPS 实现制造执行设备、制造执行系统、企业生产管理等层面，灵活、智能地按照生产任务进行全要素组织和全集成自动化的关键技术。

（6）智能虚拟样机及虚拟制造技术。

智能虚拟样机及虚拟制造技术主要涉及面向复杂产品制造全过程活动的智能化建模、验模理论方法与数字化应用基础技术，以实现复杂产品论证、设计、试验、制造、维护等全生命周期活动中基于模型/知识的虚拟样机构建与应用。

（7）工业大数据与人工智能技术。

工业大数据与人工智能技术主要涉及面向制造全过程的大数据感知、

采集与建模，以云存储为核心的大数据高效低成本存储，基于人工智能的大数据融合与挖掘分析，以及面向协同制造应用的大数据可视化与优化评估等关键技术，以实现基于大数据和人工智能的产品创新设计、智能工厂产能调度与产线优化、供应链分析与优化、故障诊断与预测等工业制造主价值链各业务环节应用。

（8）云制造系统集成与服务技术。

云制造系统集成与服务技术主要涉及互联网环境中，实现人、机、物、环境、信息共融的，支撑面向制造业全产业链横向集成、纵向集成和端到端集成、优化与互操作的云制造系统集成技术，以及面向工业产品制造全过程活动的制造资源/能力的智能感知、服务化、协同化与智能化应用关键技术。

（9）工业互联网安全技术与标准体系。

工业互联网安全技术与标准体系主要涉及工业互联网平台及其应用系统的设备安全、网络安全、控制安全、应用安全、数据安全和商业安全等技术，以及网络互联、标识解析、应用支撑、数据、安全等标准体系。

8.3 核心产品

8.3.1 INDICS 云平台

INDICS 云平台体系架构（如图 8-3 所示）主要包含航天开放平台（AOP 平台）和 IaaS 基础设施。AOP 平台运行在 IaaS 基础设施之上，可以支持各种主流的 IaaS 平台。

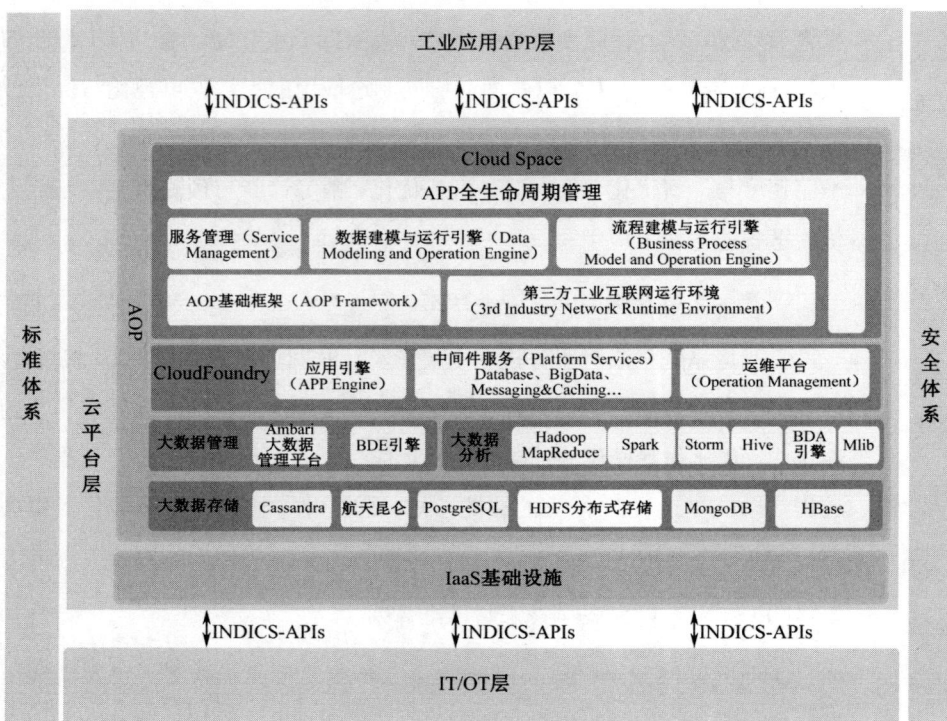

图 8-3　INDICS 云平台体系架构

AOP 平台主要提供如下服务能力：

基于 CloudFoundry 的应用运行环境和中间件服务接入规范，提供工业大数据的存储、分析和管理能力，以及面向工业的数据建模、流程建模等基础服务。

在大数据存储方面，AOP 平台提供丰富的大数据存储方式，包含 HDFS 分布式文件系统、Cassandra 和 HBase 等列式存储数据库，MongoDB 等文档数据库，PostgresSQL、航天昆仑等关系数据库。上层应用将根据数据的特点和业务使用的特点来适配最合适的存储方式。

在大数据管理方面，AOP 平台提供 Ambari 大数据平台管理工具和集成的第三方大数据管理引擎。大数据管理工具解决了大数据存储与分析工具的集群化部署、服务配置管理、服务状态监控展示的问题,降低了大数据平台运维和使用的难度。比如:安装部署时,解决大数据服务组件间依赖问题,包括配置、版本、启动顺序、权限配置等;解决部署过程跟踪问题,展示出部署过程中每个步骤的状态及相关信息;解决部署或更新中可能会出现的机器故障问题,能够容忍某些组件启动、更新失败;解决服务配置管理的问题,动态地保存各类配置信息到 Stack 中;解决服务状态的集中展示、监控、报警问题。

在大数据分析方面,AOP 平台支持 Hadoop MapReduce 离线分析、Spark 和 Storm 流式实时分析、Hive 等 SQL 引擎、算法库和第三方大数据分析引擎。

在 CloudFoundry 服务方面,AOP 平台基于开源的 CloudFoundry 框架建设 PaaS 层,提供多语言多框架支持的应用引擎,通过 Server Broker 服务接入框架提供五类中间件服务,提供统一的监控运维平台服务。

在应用支撑方面,AOP 平台提供 AOP 的基础框架、服务管理、数据建模与运行引擎、流程建模与运行引擎等服务。其中 AOP 基础框架包含用户中心、能力开放平台等;流程建模与运行引擎提供快速的图形化的流程开发能力。

8.3.2 云制造核心软件

围绕制造业全产业链、全过程的协同需求,工业互联网云系统 INDICS 提供了基于互联网的协同研发、协同生产、智能服务和协同商务等制造全产业链服务功能。特别是,提供了云化产品全生命周期管理(CPDM)、云化企业资源管理(CRP)和云化制造执行过程管理(CMES)等云制造核心工业软件服务,实现跨企业设计工艺协同,跨企业云端资源/能力共享,以及以计划为主线的生产全流程(进度、质量)管控,如图 8-4 所示。

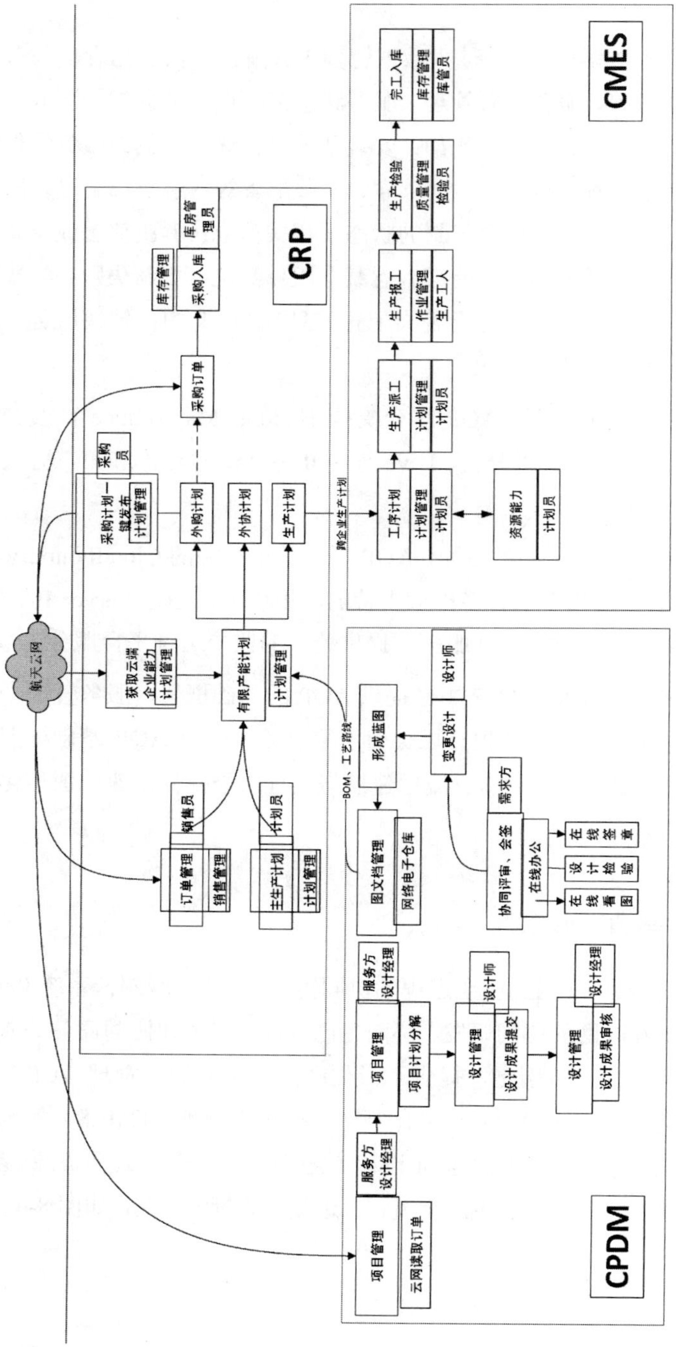

图 8-4 云制造核心软件产品应用场景和模式

（1）以设计工艺协同为核心，提供基于 CPDM 系统的跨企业协同设计、协同工艺评审、协同会签、协同审签等服务功能。

（2）提供以小微企业简易 ERP 需求为核心的 CRP 服务功能；提供以中型企业的 ERP 需求和计划管理需求为核心的 ERP 与 CRP 集成应用功能；提供以大型企业，特别是大型集团对各专业分子公司或分厂协同生产的复杂 ERP（重架构 ERP）与 CRP 集成应用功能；提供通用化跨企业计划排产的 CRP 应用功能。

（3）实现从 CRP 的主计划 →CRP 的能力计划 →CMES 的作业计划的全过程管控，并通过 CMES 实现计划进度采集反馈、质量采集分析，最终实现全流程管控。

如图 8-5 所示，云制造核心软件产品整体依托于 AOP 平台开发实现，由 AOP 平台提供统一的角色管理、用户登录、安全管理、标准规范。基于云制造核心软件产品整体体系的区分，产品具有高度的一致性：

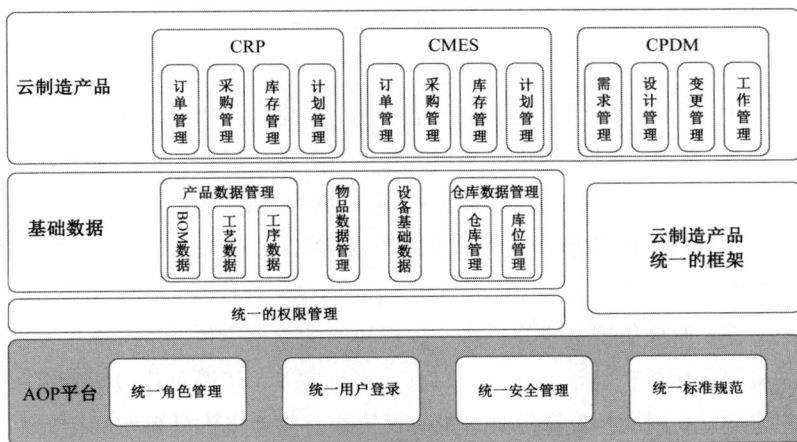

图 8-5　云制造核心软件产品体系

（1）CRP、CMES、CPDM 具有统一的权限管理功能。

（2）CRP 与 CMES 具有统一的基础数据管理功能，主要包括产品数据管理（如 BOM 数据、工艺数据、工序数据等）、物品数据管理、设备基础数据、仓库数据管理（如仓库管理、库位管理等）。

（3）云制造核心软件产品具有统一的前端框架。

1. CRP 产品

CRP 产品旨在为供需双方提供跨企业优化的资源分配、能力组织调度的能力。基于 CRP 云排产技术的系统可有效协调多家制造企业动态组织、共享能力资源，针对性开展智能计划排程和柔性调度工作。

CRP 面向供需企业生产计划调度人员。供应商作为云生产承接方向云平台发布自身加工能力，提供给需求方进行排产使用。需求方（包括大型企业集团总体计划人员、无生产能力的设计单位及其他调度人员）发布生产任务，调用 CRP 产品的排产引擎进行优化计算，得出优化排产结果。优化排产引擎依据任务单、产品 BOM、库存约束、距离约束及生产能力约束，为需求方提供任务拖期量最小、资源利用率均衡的排产结果。

CRP 产品的实现主要涉及排产约束技术、排产集成技术和排产优化技术三部分。其中，排产约束技术指的是云排产的资源能力的描述方法，如工作中心的定义、工作中心的能力描述，企业距离（或工作中心的距离）、企业间转运时间的描述（因素、计算方法等）、生产成本、加工时间等；排产集成技术指的是根据目前企业已有的信息化软件或系统（ERP、MES）中的数据，通过数据集成为云排产提供排产的数据支撑；排产优化技术指的是采用优化排产算法，以排产目标（最早完工、资源负载最均衡等）为优化方向，利用高性能计算处理能力，快速有效地提供具备实际指导意义的排产结果。

2. CPDM 产品

CPDM 产品旨在建立云协作产业链业务网络平台，汇集各类制造优质资源，将产品设计需求、设计流程监控、文件协同审签、审签意见发放、变更设计管理等功能置于云端，实现产品研发全生命周期的协同管理与协作。CPDM 产品重点体现云端协同式数据管理系统的特点，以来自 INDICS 云端的设计需求为出发点，以项目成果为主线，提供设计协同评审、设计完善、设计会签、工艺设计、工艺设计协同评审、工艺设计完善、工艺设计会签等服务功能，如图 8-6 所示。

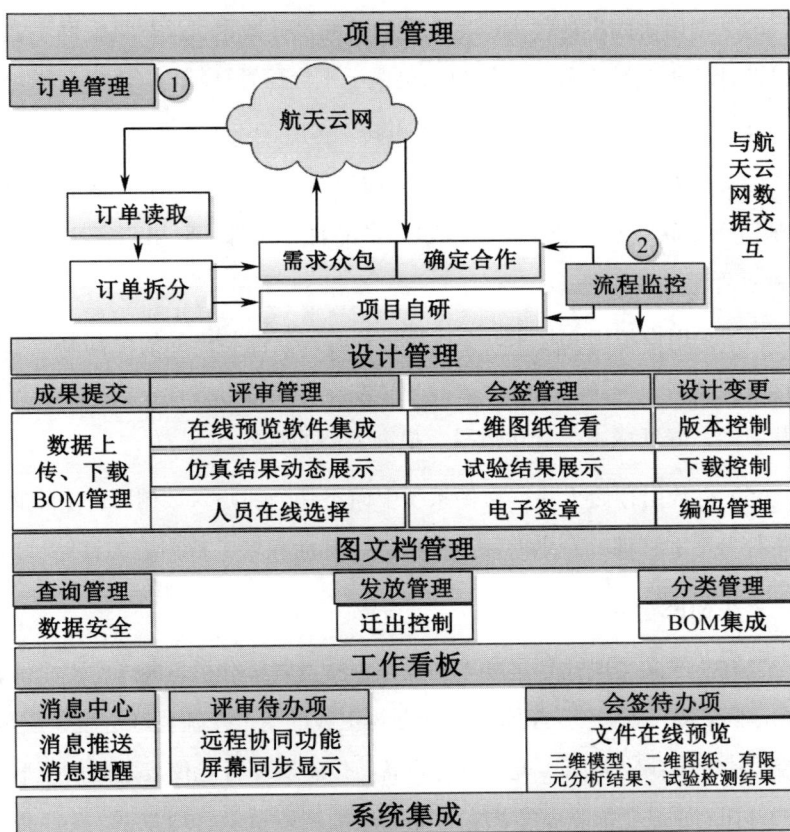

图 8-6　CPDM 产品主要功能

CPDM 产品实现主要涉及设计 BOM 技术、设计协同技术、虚拟现实技术，以及数据存储与管理技术等。

（1）将 BOM 技术整合至云设计系统，以 Web 服务为媒介，将 BOM 视图进行封装，实现产品设计生产周期内信息的无损传递和共享，借助云设计平台的统一管理和控制，实现 BOM 信息的快速重复利用，显著提高了数据管理效率。

（2）利用协同设计技术，将计算机辅助设计数据、计算机辅助工艺数据以及计算机辅助工程数据等数据集成于平台运行环境中，确保各用户之间的互操作，支持信息资源的动态调配。

（3）在对数据进行管理时，采用成组技术，对零部件信息采用编码管理和产品族管理，适应"小批量、多品种"需求，对用户需求做出快速响应。

（4）采用虚拟现实技术，在产品设计阶段就能将产品的全部制造过程进行虚拟集成、预测、检验、评价产品性能和制造可行性，达到缩短产品开发周期、降低成本、优化质量、提高效率的目的。

（5）将数据存储于共享文件系统中而不是全部归入数据库，按照文件名抽取出用于管理、查询的元数据信息，从而减轻了数据库的存储负担。

3. CMES 产品

CMES 产品实现计划进度采集反馈、质量采集分析，最终实现全流程管控，同 CRP 云排产一起实现以计划为主线的生产全流程（进度、质量）管控，基于工业物联网实现设备与设备、传感器和智能仪表之间的互联互通。CMES 通过获取设备数据、计划进度数据或质量管理数据，为工业物联网应用提供了数据采集以及存储、管理的平台。

CMES 产品对设备、计划进度采集等功能进行了标准化与服务化封装，每一个基础功能被封装成一个 Open API，用户可通过其 URL 采用 POST 消息进行调用，输入输出参数均采用 JSON 格式进行交换。企业用户通过该方式可快速将设备、计划进度接入到 CMES 中，并开展业务，如图 8-7 所示。

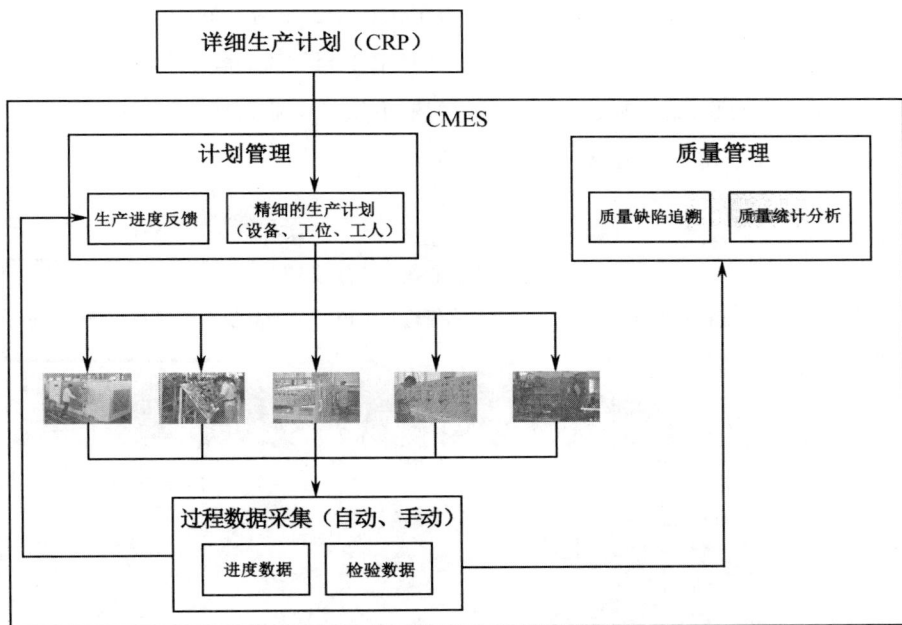

图 8-7 CMES 产品实现数据采集进度、质量管控

CMES 产品将详细的生产计划进一步细化为以设备、工位或工人为单位的精细生产计划，并指导生产。通过手动填报或自动采集的方式，将生产进度数据、质量检验数据分别反馈给 CMES 的计划管理和质量管理，相关人员根据采集的数据进行质量决策，从而实现产品生产的质量管控。CMES 质量管控主要指的是质量缺陷的追溯和质量问题的统计分析，利用

生产过程采集的质量数据，进行统计分析，有针对性地改进生产工艺，提高产品质量。

8.3.3 智能网关 Smart IoT

Smart IoT 产品是一款实现设备与 INDICS 云平台互联的工业物联网智能网关产品，提供采集、转换、处理和传输不同厂商品牌工业设备数据、工厂 OT 组网和通信协议转化等功能模块，并实现工业数据与云制造应用、工业大数据应用无缝集成，如图 8-8 所示。

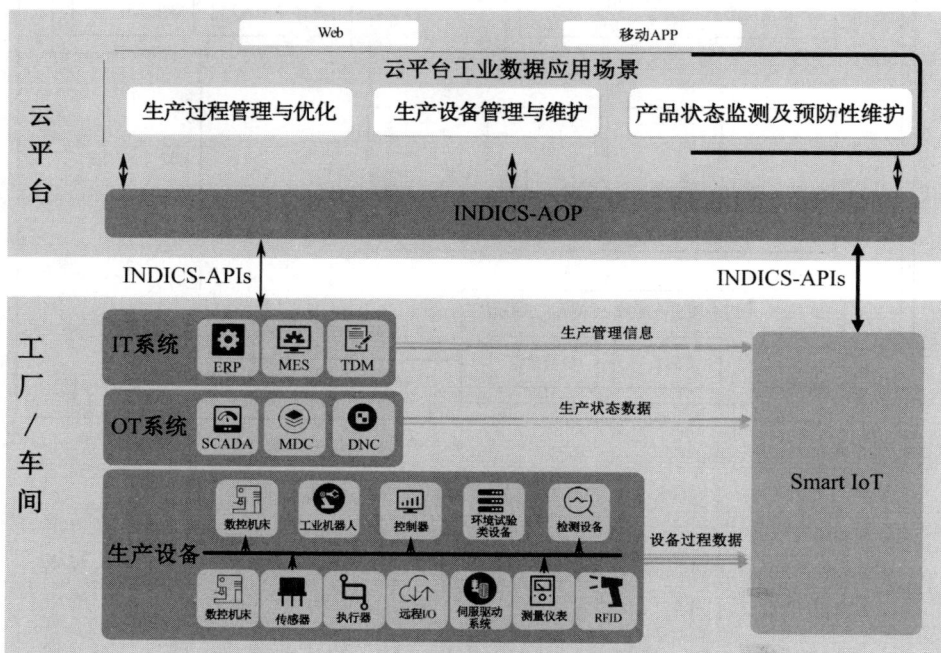

图 8-8　智能网关 Smart IoT 产品应用模式

Smart IoT 可采集工厂车间中生产设备的生产类数据、OT 系统（如 SCADA、MDC、DNC 等系统）中的控制类数据和 IT 系统（如 ERP、MES、TDM 等系统）中管理类数据，进行统一的处理后再上传至 INDICS 云平台。用户可通过 Web 端或移动 APP 端访问 INDICS AOP，实现生产过程管理和优化、生产设备管理与维护、产品状态监测及预防性维护等应用功能。

Smart IoT 产品分为标准产品系列、传感器系列、高性能系列三个系列产品，如图 8-9 所示。

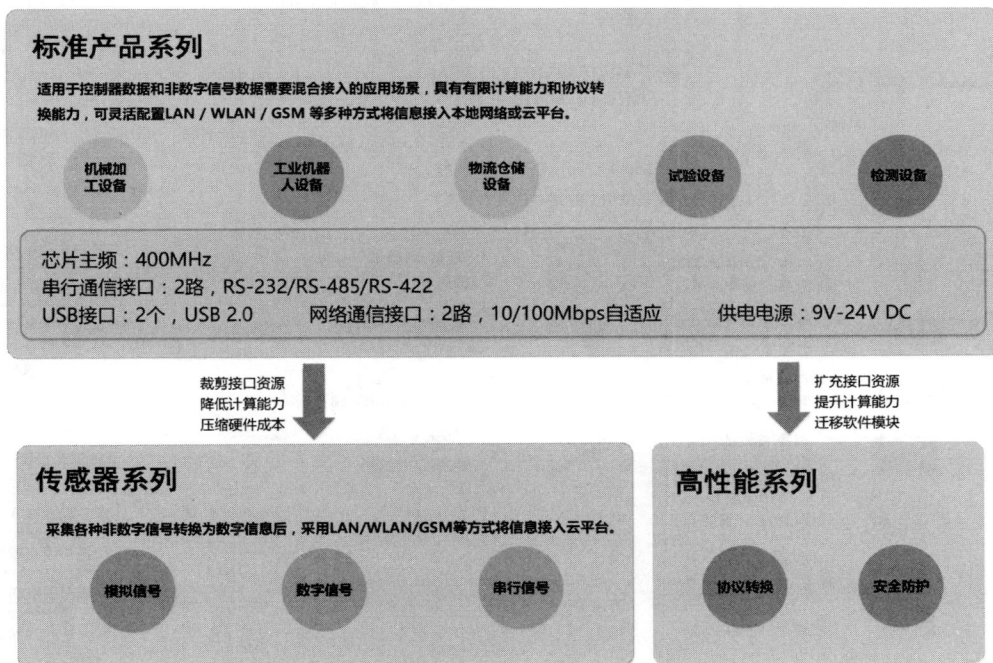

图 8-9 智能网关 Smart IoT 产品系列图谱

（1）标准系列 Smart IoT6000。

标准系列产品具备良好的通用性和扩展性，通过丰富的接口和可配置的软件功能，接入多种设备与协议，适用于单台设备及传感器网络接入的场景，主要面向智能工厂建设、智能化改造、三哑改造等需求，提供设备接入云平台的服务功能，其功能模块如图 8-10 所示。

标准系列产品功能模块			
硬件			**软件**
基于ARM架构的硬件平台（提供ARM使用平台）		云平台接口部分	INDICS API（HTTP协议）
			INDICS API（MQTT协议）
基于 Intel Quark的硬件平台（提供Intel Quark使用平台）			INDICS API（AMQP协议）
DI/DO数字量输入输出（提供数字量接入接口）	无线WiFi板卡（提供WiFi接口）	工业通信协议	OPC UA协议栈
			Modbus TCP/IP 协议栈
AI/AO电压模拟量输入输出（提供电压模拟量接入接口）	工业无线WIA-PA板卡（提供WIA-PA接口）		Modbus RTU协议栈
AI/AO电流模拟量输入输出（提供电流模拟量接入接口）	GSM通讯（2G/3G/4G）板卡（提供GSM（2G/3G/4G）接口）		Profinet协议栈
			Profibus协议栈
单色液晶显示屏（提供液晶显示接口）	蓝牙板卡（提供蓝牙接口）		CAN总线协议栈
RFID读取器（提供RFID读取接口）		数据安全	安全加固模块
CAN总线外部接口（提供CAN总线协议接口）			用户访问控制模块
			数据加密模块
ZigBee板卡（提供ZigBee接口）			远程固件升级模块

图 8-10　标准系列产品功能模块

（2）传感器系列 Smart IoT1000。

传感器系列产品提供传感器网络解决方案，适用于工厂现场、工业控制末端的传感器接入场景，包括有线传感器网络和无线传感器网络，其功能模块如图 8-11 所示。

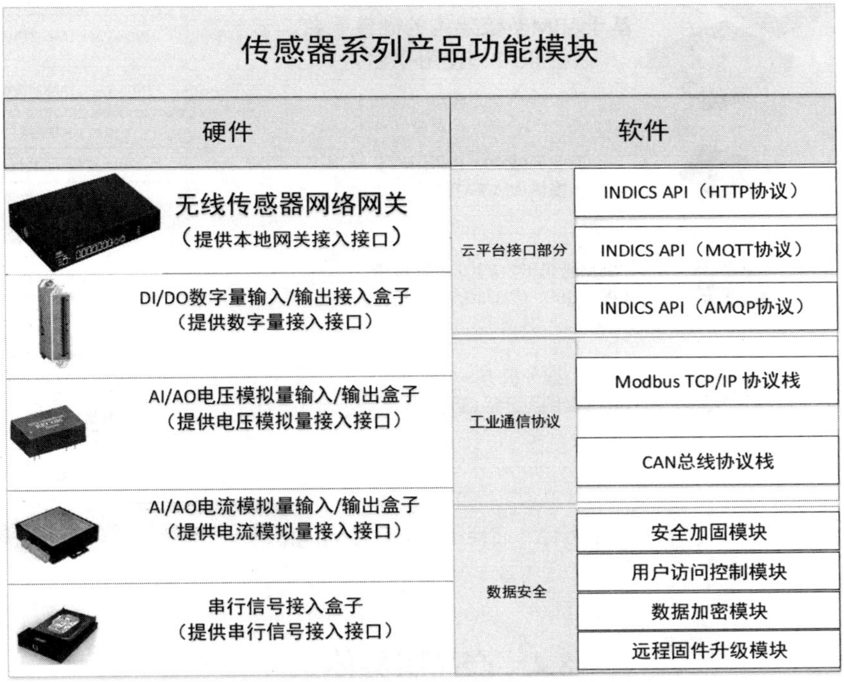

传感器系列产品功能模块

硬件	软件	
无线传感器网络网关 （提供本地网关接入接口）	云平台接口部分	INDICS API（HTTP协议）
DI/DO数字量输入/输出接入盒子 （提供数字量接入接口）		INDICS API（MQTT协议）
AI/AO电压模拟量输入/输出盒子 （提供电压模拟量接入接口）		INDICS API（AMQP协议）
AI/AO电流模拟量输入/输出盒子 （提供电流模拟量接入接口）	工业通信协议	Modbus TCP/IP 协议栈
串行信号接入盒子 （提供串行信号接入接口）		CAN总线协议栈
	数据安全	安全加固模块
		用户访问控制模块
		数据加密模块
		远程固件升级模块

图 8-11　传感器系列产品功能模块

（3）高性能系列 Smart IoT8000。

高性能系列产品提供边缘计算及工业大数据处理的解决方案，适用于在工厂现场需要使用云端数据模型对数据进行预先处理和计算的场景，是工业大数据及边缘计算在工业、制造业中进行实践应用的产品，其功能模块如图 8-12 所示。

高性能系列产品功能模块			
硬件		**软件**	
基于ARM多核架构的硬件平台 （提供ARM使用平台）		云平台接口部分	INDICS API（HTTP协议）
			INDICS API（MQTT协议）
			INDICS API（AMQP协议）
工业无线WIA-PA板卡 （提供WIA-PA接口）		工业通信协议	OPC UA协议栈
			Modbus TCP/IP 协议栈
			Modbus RTU协议栈
GSM通讯（2G/3G/4G）板卡 （提供GSM（2G/3G/4G）接口）			Profinet协议栈
			Profibus协议栈
			CAN总线协议栈
蓝牙板卡 （提供蓝牙接口）		数据安全	安全加固模块
			用户访问控制模块
			数据加密模块
			远程固件升级模块
			本地计算模块

图 8-12　高性能系列产品功能模块

8.4　产品服务体系

工业互联网云系统 INDICS 产品服务体系（如图 8-13 所示）主要由门户网站、云制造软件、智能化改造、工业品共享、工业大数据、云制造双创、云制造认证、云制造金融、数据和网络安全等构成，重点发挥云制造领域的核心优势，形成航天云网独具特色的服务体系。

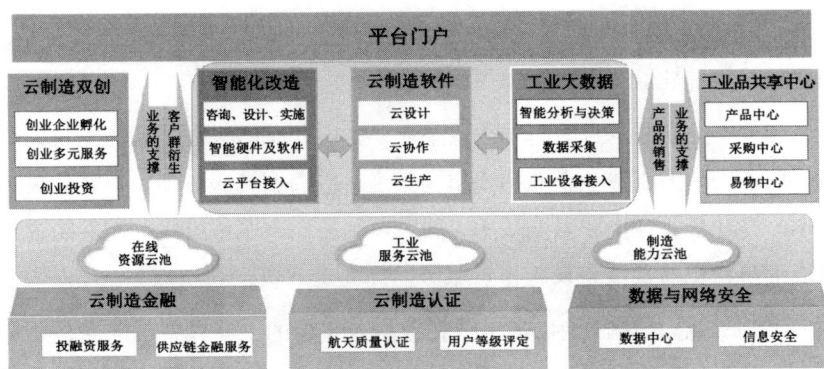

图 8-13 工业互联网云系统 INDICS 产品服务体系

（1）门户网站。建立以工业互联网云系统 INDICS 为统筹现代服务业发展的公共服务平台，建设平台门户体系，面向全社会用户提供门户基础服务，展示各类技术产品、资源能力等产品和服务，并根据特殊专业用户需求提供定制化门户服务。整合社会各方资源，打造信息互通、资源共享、能力协同、开放合作、互利共赢的工业互联网生态。

（2）云制造软件。提供以云端协作为核心的智能商务服务，以云 PDM 为核心的智能研发服务，以云 CRP、云 MES 和虚拟工厂为核心的智能生产服务，以远程监控、智能诊断和健康管理为核心的智能保障服务，以及工业软件、知识产权、标准和专家等基础资源池，支撑产品全生命周期云端协同研制。同时，提供工业互联网应用开发平台（航天开放平台 AOP），打造云制造生态系统。

（3）智能化改造。提供基于云平台的智能工厂整体解决方案，包括建设咨询、方案设计和实施服务等。提供以 Smart IoT 为核心的智能化改造系列产品，以及结合云端 CPDM、CRP、CMES 等云制造核心软件的"哑设备"、"哑岗位"、"哑企业"的"三哑"改造服务；实施生产装备智能化升级、工艺流程改造和基础数据共享，将企业各项制造业务及服务与云端连通，实现制造相关环节柔性化改造，推进企业全部经营活动的数字化、网络化、智能化。

（4）工业品共享。面向制造业企业，提供工业品线上产品营销与采购协作服务，助力制造业企业拓宽市场渠道，提高市场服务能力，降低采购成本，提升企业营销和采购效率。同时，创新电商服务模式，提供闲置物资线上易物交易及装备设施租赁服务，提高企业资产利用效率。

（5）工业大数据。INDICS 依托已接入平台的工业设备、产品、业务与企业及其产生的大数据，基于自主可控的工业大数据集成应用平台，提供产品和资产云端接入、资产性能管理和运营优化服务，以及基于数据的产品创新应用、生产线优化分析、供应链优化和工业治理应用等工业大数据应用服务。通过汇聚高价值制造过程和资源数据，发挥数据的创新支撑潜力，带动智能制造模式的创新和产业价值链体系重构。

（6）云制造双创。专注于"互联网+智能制造"领域，广泛整合软硬件、技术、专家、资金、场地等创新创业资源，为中小微企业提供线上服务、线下辅导、创业投融资、产业辅导等创新创业系统解决方案与平台化服务。

（7）云制造认证。建设云制造认证体系，通过线上企业认证专区建设运营，集聚产业用户、市场需求、认证标准和专业服务，提供线上企业认证服务（线上信息报送、审核及认证），同时组建专家队伍推进线下认证服务业务，形成线上与线下结合发展的认证业务，对注册企业开展云制造能力认证、质量认证、信用认证、保密认证、专业能力认证等一系列认证服务，促进注册企业形成以云制造能力、产品质量、信用等级为重点的企业核心能力。

（8）云制造金融。建设产融结合服务体系，通过云平台实现与金融平台的跨界对接，整合金融机构服务能力，创新金融产品服务，对接平台企业用户支付、融资、征信、投资、保险等金融需求，促进资源共享，实现产业平台与金融平台融合发展。

（9）数据和网络安全。提供涵盖设备安全、网络安全、控制安全、应用安全、数据安全和商业安全的主被动融合的信息安全体系，在保障INDICS 安全运行的同时，基于 INDICS 数据中心为用户提供整体安全解决方案和安全服务。

工业互联网云系统 INDICS 面向用户提供以下四类服务模式：

（1）服务于个人创业者及小微企业的"双创"模式，解决创业初期资源匮乏、经验不足以及随规模或业务扩展亟须资金支持及外部资源的关键痛点，促进创新创业企业由初创向正常经营提升。

（2）服务于传统中小企业的转型升级模式，帮助企业专注擅长的领域，从"小而全"向"强而专"、从制造到服务转型，在重构过程中实现两化融合，融入产业组织体系，促进同质化的工业 2.0 向专业化的工业3.0 提升。

（3）服务于大企业和企业集团的"专有云"模式，通过整合优化配置内外部资源，重构产业组织体系，进一步提升自身智能制造水平及体系化管理水平，促进专业化的工业 3.0 向智能化的工业 4.0 提升。

（4）服务于国际化企业的国际工业互联网模式，在全球视野下整合资源，优化配置企业的生产要素，开拓海外市场，高效、安全地开展跨境交易和业务协作，促进本土化的企业向国际化水平提升。

8.5 应用情况

目前，工业互联网云系统 INDICS 已在北京、江西、贵州、四川、辽宁、内蒙古和甘肃等区域完成了平台落地，正在加强与湖北、湖南、云南、江苏和广东等区域的合作，筹备落地事宜，平台辐射能力持续增强。

同时，为支撑国家"一带一路"战略，秉承"让中国企业走出去，把国外优质资源引进来"的理念，已面向英语、俄语、德语、波斯语等语言区域的国家和地区，打造了 INDICS 国际云平台，并已在德国和伊朗落地，构建了国际工业云端生态，初步实现了"企业有组织、资源无国界"的生产资源全球配置。

工业互联网云系统 INDICS 区域布局图如图 8-14 所示。

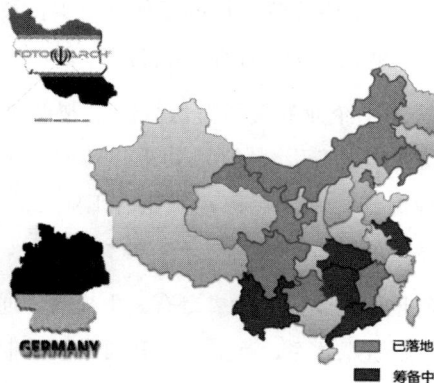

图 8-14 工业互联网云系统 INDICS 区域布局图

工业互联网云系统 INDICS 于 2015 年 6 月 15 日正式上线并持续优化完善，于 11 月 25 日进行全面改版升级。目前，已成功应用于高端装备、模具、家具、电子、汽车、新材料等制造行业和领域，构建了贵州工业云、京津冀工业云、横沥模具云和南康家具云等区域/行业云平台，入驻企业突破 80 万家，形成了由 126 款软件、1.37 万项专利、3.58 万份标准、上百位专家构成的云资源池，为近千家行业用户提供了线上定制化服务。

INDICS 进一步针对北京星航机电装备有限公司、河南航天液压气动技术有限公司、江西科伦药业、成都航天通信设备有限责任公司和天倬模具等 10 余家企业，定制和实施了基于云平台的智能工厂整体解决方案，接入集成了数百台制造设备，打造了工业基础件数控加工柔性生产线、电缆接插连接件柔性装配线、家具制造和汽车冲压模具智能制造生产线等四类智能制造样板工程，帮助企业实现了设备状态实时监控与云排产调度优化，极大推动协同创新、网络化协同、个性化定制和智能化生产等新型制造模式在行业、企业、车间等不同层次的落地实施。

展望未来，航天云网坚持"构筑全球领先的国家制造业体系"，建设"互联网+智能制造"生态系统。规划到 2020 年，搭建完成国家制造业转型发展新平台，掌握具有自主知识产权的关键核心技术，力争实现"销售收入破百亿元、平台用户超千万个、平台经济规模达万亿元"的"十三五"发展目标，建设成为"中国制造 2025"战略目标的重要载体，支撑我国制造强国建设，推动我国向着成就中华民族伟大复兴的中国梦阔步前进！

第九章

工业互联网应用案例

企业应用案例

行业应用案例

工业云应用案例

    随着物联网的不断发展，其中的机器、设备等基础设施通过传感器将设备数据统一传送至信息系统，促使通信行业大规模发展，进而形成工业互联网。因此，工业互联网作为物联网发展的结果及重要组成部分，对全球的经济市场影响巨大。自 2014 年起，全球工业互联网服务市场份额大规模增长，经业界有关人士预测，仅需 5 年时间，全球工业互联网服务市场将由 412.5 亿美元激增至近 1740 亿美元，发展潜力巨大。

    工业互联网由于其便捷性、统一的网络通信和实时的数据分析特点，可以为企业带来许多好处，比如：实时监控设备的运行状态，数据能够及时地反馈决策者，从而提高工作效率；通过大数据挖掘和分析技术，对采集的数据进行分析，进行故障预测和故障诊断，减少设备停工期，监测潜在的危险点，延长产品或设备的生命周期，增加企业的赢利点。

    凭借自身的巨大优势，工业互联网服务不断扩展至多个应用领域。目前，工业互联网服务已基本覆盖了制造业、汽车行业、医疗行业、能源和公共事业、运输行业等多个领域，并将在这些领域得到大规模发展，进而逐渐扩展至其他领域。尽管工业互联网的应用案例很多，但是准确把握其发展方向和趋势、取得成效的案例相对有限，本章提供部分优秀案例供读者参考。

9.1　企业应用案例

9.1.1　企业应用案例一——航天企业智能云工厂

1. 项目背景

航天某企业位于河南省郑州市，是专业从事液压气动元件及系统集成设备研制、生产和检测服务的高新技术企业。

该企业承担多个军工型号协作配套任务，形成涵盖液压气动产业的 2D 液压阀、气控阀、管路系统及总成、特种泵、压力容器及试验检测服务等多种产品（服务）。公司引进了多台自动弯管设备和数十台高端数控加工设备，具有较强的精密加工能力。

该企业正在进行转型升级，逐步从配套生产的商业模式转向设计制造一体化和支持智能制造模式的综合性企业。该企业希望一方面提升现有资源的产能和效率；另一方面进一步开拓市场，发展新客户；同时，可以进一步适应新兴的商业模式（C2M、C2F、大规模个性化定制、社会化制造等）和生产模式（精益制造、透明化生产等），提升企业在未来制造业市场的竞争力。

2. 问题分析

该企业以协作配套为主，随着产业链的延长，该企业面临制造模式和制造手段等方面的许多问题：

（1）客户资源拓展难度大，协作沟通成本高。

当前的客户资源主要来源于其他的军工企业，虽然具有较强的液压制造能力，但是社会影响范围小，客户资源的拓展渠道狭窄，订单需求不足。

该企业以协作配套为主，主要采用线下传统的协作方式，协作效率低下，协同性较差；同时，企业面临服务化转变，从生产制造转向提供制造资源或能力的服务型制造。

（2）生产资源利用不足，柔性生产程度低。

目前企业的生产计划管理和执行都是通过人工和纸质化手段来完成，效率低下，生产管理方式的落后导致大量高端设备资源的闲置，以及生产数据的不互通，造成资源大量浪费。

企业主要以按单生产的方式组织生产，缺少智能化的加工、物流配送等手段，无法满足个性化定制和柔性生产的需求。

3. 解决方案

针对该企业面临的上述问题，利用航天云网从线上提供云端商务、业务协同等内容解决制造模式的问题，线下提供三哑改造服务，利用信息化、自动化手段解决制造方式面临的问题。通过线上和线下业务数据的集成，实现商务和业务的协同，实现社会化生产协同，实现虚拟和现实的结合，总体解决方案如图 9-1 所示。

线上主要指的是云平台的功能或软件，主要包括：商务对接、CPDM、CRP、CMES 和虚拟工厂；线下主要指的是该企业内部建设的软件和硬件，主要包括：PDM 系统、MES 系统、DNC 系统、金属硬管智能制造产线、数控加工中心智能制造产线等。

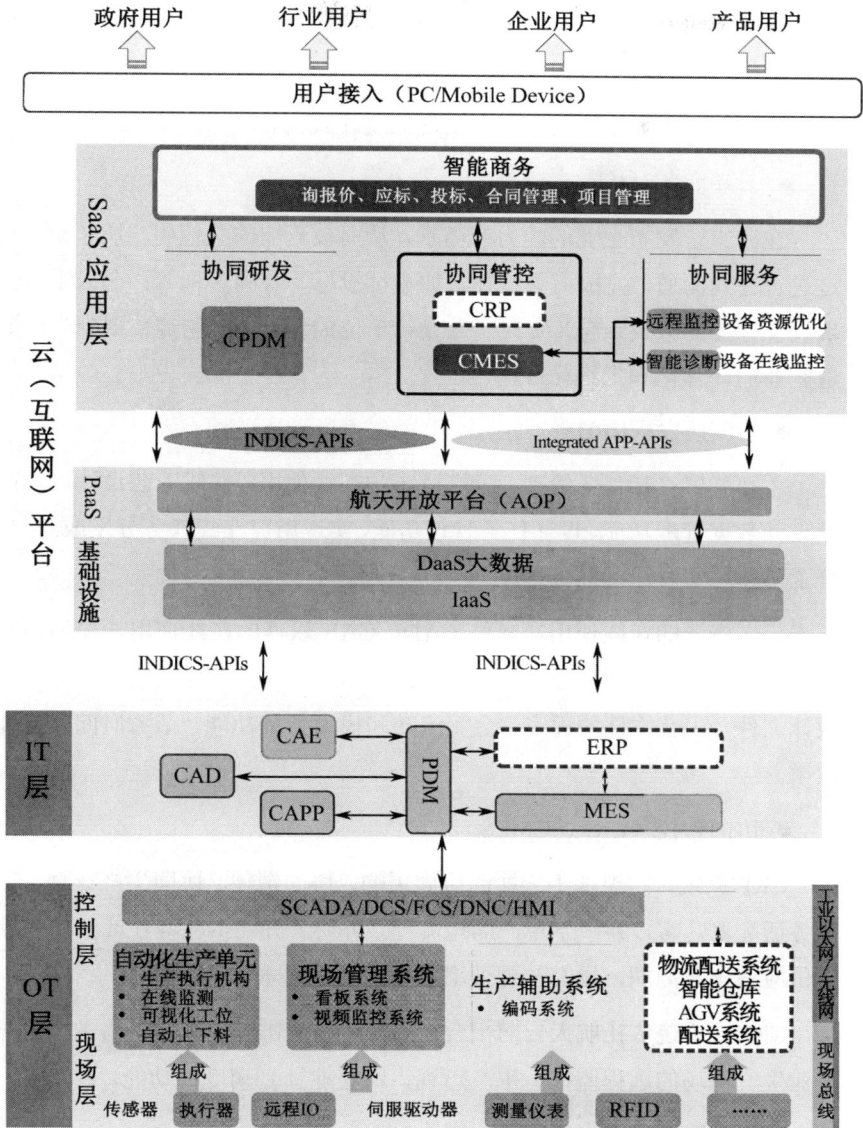

图 9-1 航天某企业基于云的智能工厂方案

该企业通过以下三个方面来实现产业模式、制造模式及生产方式的转变，助推企业的转型升级。

（1）通过工业互联网云平台实现制造模式的转变。

● 云端商务对接。

在云平台发布企业的能力或需求，从而被云端的其他用户所了解，通过进行在线沟通，完成商务合作，如竞标投标、合同管理等；在云平台开展设计任务的分发众包，实现研发设计单位的设计、工艺等数据到生产制造企业的一体化和无纸化传输。

● 协同研发（CPDM）。

主要开展设计任务管理、云端资源的在线使用、在线工艺设计以及产品设计数据管理功能、设计任务管理功能，实现用户在线任务分发或众包，分工协作，实时跟踪任务进度。

云端资源的在线使用，提供 CAD、CAE 软件的在线使用，模型与案例分析、集成、共享和管理。产品设计数据管理功能，提供线上跨企业的设计文件、工艺文件的评审、会签流转和模型管理功能，节省时间，提高效率。

● 协同管控（CRP、CMES）。

CRP 系统，实现基于云端的协同采购、协同销售、协同生产计划、云商务适配器。客户在线下单，缩短流程。外协、外购供应商在线匹配，缩短供应商选择周期，提高管理效率，降低运营成本。

CMES 系统依托航天云网平台，支持企业间协同生产业务需求，实现企业生产现场的远程监控、生产可视、跨企业计划调度的功能。

● 协同服务（虚拟工厂，如图 9-2 所示）。

协同服务主要是通过虚拟工厂实现设备数据在线监控，通过虚拟仿真技术，以在线三维展示为手段，与企业实际的生产设备相关联，动态实时获取设备的运行状态和作业任务，实现线上线下相结合。

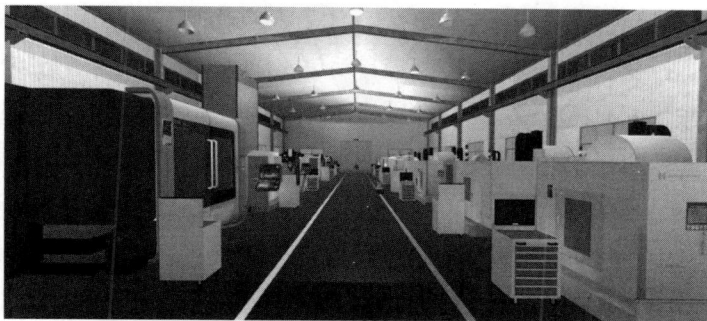

图 9-2　虚拟工厂

（2）通过"三哑"改造实现制造方式的转型升级。

● 企业云（信息化）建设。

研发设计（产品全生命周期管理，PLM［含 CAX、PDM］）——产品设计、工艺设计、设计工艺协同、BOM 规划、设计、仿真分析（包括设计、工艺、装配仿真、工厂仿真、物流仿真等）、试验验证、项目管理、样机制造等产品全生命周期业务过程。

经营管理（企业资源计划，ERP）——实施 ERP 系统，主要包括三方面的内容：生产管理（计划、制造）、物资资源管理（采购、库存管理、销售）和财务管理（会计核算、财务管理）。

生产管控（制造执行系统，MES）——实施 MES 系统，包括计划管理、过程数据采集、工艺管理、设备管理、库存管理、文件管理等模块，实现实时反馈生产加工的进度数据、质量检验数据、设备数据等，方便快捷地获取帮助指导资料（文件、图片、视频等），并对数据进行分析统计。

● 智能化产线（含"哑设备"改造）建设。

针对哑设备安装传感器、数据采集器、控制器等，将其接入网络，获取数据进行业务分析；同时，实施自动化的加工设备（如高端数控机床、智能机械手）、检验设备（如三坐标测量仪）、自动上下料机器人、自动工具库等相关的硬件，建设智能化生产单元，实现加工生产的自动化。

MES 系统与工业控制系统等集成，通过采用先进的自动化生产、检验装置实现生产加工、检验测量等环节的自动化。MES 系统与物流管理系统等集成，驱动立体仓库、自动取料机器人、AGV、输送带等自动化设备，实现物料配送的精细化。

4. 应用效果

基于航天云网平台，实现供需两侧的紧密衔接；通过线上自主研发的CPDM（研发设计工艺协同软件）、CRP（资源计划协同软件）、CMES（智能排产软件）、CAX、CAE 以及虚拟工厂技术应用，实现全球化的资源能力共享、研发设计并行协同、任务需求与资源智能排产和智能调度；线下建设企业 IT 系统（PLM/CRP/MES/CRM/SCM）、智能产线，实现企业生产模式从大规模制造走向个性化规模定制、标准化产品走向自动化流水作业、非标产品走向智能化柔性生产。

项目实施后，实现 24 小时连续作业，机床主轴利用率从原来 30% 提高到 80%，操作工人减少 60%，运营成本降低 30%，产品质量合格率较实施前提升 30%，能源利用率提高 15%。尤其：

（1）制造模式方面。

● 一方面为该企业聚集了大量的订单资源，同时又将该企业的制造能力和资源通过平台释放到社会上，形成 B2B 模式。

● 提升了设计协同的能力，将线下沟通转变为线上协同，实时地进行异地设计交互。

- 形成了众包设计的模式，实现了液压系统设计能力的对外输出。

- 形成了服务化制造的模式，向其他企业提供制造服务能力。

（2）制造方式方面。

- 实现了设备的互联互通，产线由传统生产转向柔性化加工，可以实时监控设备负载状况。

- 提高车间资源的利用率和工作效率，实现车间 5 个人可以高效地完成车间原有的 30 人的工作任务。

9.1.2 企业应用案例二——创美工艺个性化柔性制造

1. 项目背景

创美工艺（常熟）有限公司（以下简称创美工艺）于 1993 年成立。其主要业务包括液晶产品、电器产品、精密仪器以及汽车等的构件及零部件冲压加工，并专业从事复印机光学结构件的组装，以及对结构件进行两次加工等。该公司拥有的生产设备有高速冲床、数控冲床、线切割机床、加工中心、机器人、镀锌生产线、冲床等，虽然近几年发展较快，但仍然存在着一些问题。

2. 问题分析

创美工艺的生产过程存在以下几个典型问题：多部门、多业务、多系统的交叉使用导致信息离散及同类数据在不同拥有者间的数据差异；决策层无法及时获取数据，导致决策的制定和执行都出现延迟。

用户的个性化、定制化需求与生产过程的规模化、协同之间的矛盾也是亟须解决的问题。而这一问题的"核心是管理的'颗粒度'问题"[64]。当把管理的颗粒度无限放大，即形成"个性化"；而当把管理的颗粒度无限缩小，即会产生大量重复、规律性的产品，达到不同层级的标准化，最终实现标准化生产与个性化制造的融合。

3. 解决方案

创美工艺通过 iUAP 物联网中间件对生产工厂进行了全面的自动化与智能化改造。其中最重要的一点便是，创美工艺通过对生产工厂设备数据的采集、集成、展示分析以及 PCS 监控等四大系统的整合，实现生产设备和生产过程通过 UAP 平台的直接控制。

创美工艺在小尺寸液晶显示器事业部车间首先试点。它搭建了一条智能生产线。智能产线通过对工业软件和设备的集成，根据 MES 系统指令完成作业加工和物流执行。整条生产线的中间过程，比如上料、加工、成品运输和设备管理，均通过软件指令自动完成，设备间的协同由机械手进行操作，设备状态通过 MES 系统实施秒级实时监控，全程无须人工干预。工人只需在生产线的起始位置准备物料，并在生产线的尾端接收成品即可。同时，创美工艺还进行了多屏融合，信息移动化，让管理、信息实时传递，从而节省大量信息沟通时间。

生产过程全程条码化。这种设计也让个性化定制和生产过程自动化很好地结合起来。生产过程条码化减少了人工干预，避免了手工操作的失误率，提高产品质量；减少生产中的不确定性，提高生产效率；同时，使工人避免了简单枯燥高频度的重复工作，可以投入更多精力到需要及时决策以及靠软件指挥机器无法完成的现场工作之中。

此外，创美工艺"把机器与机器，人与机器等所有的过程进行数据采集，将物理的变量变成数字量，将其中的'颗粒度'做到机器与机器的协调与配合标准化。比如说第一道工序是在模具上冲压出一个孔，进入到第二道工序的时候，这个孔是需要有一个翻边的。此时的传感就需要感知它是否有翻边，如果没有翻边，机器就会停止工作。再如，从上一道工序到下一道工序，模具对象在这一道工序应该是关门的，如果系统感应到它是开门的，就必须发出指令停止工作"[65]。

在此基础上，创美工艺通过为用户提供一系列以经济成本为基础的生产工艺数据以及生产中的冲压数据、冲压规律，向客户分享实际的、准确的细颗粒度的生产数据。这样，客户就能够对冲压规律有更清楚的了解，他们在进行设计的时候，就会选择合适"颗粒度"的模具，从而做出兼顾用户需求与冲压规律，且又价格便宜、经济实惠的产品。

4. 应用效果

创美工艺利用物联网技术连接生产工厂，实现了完全自动化的、个性化的柔性制造，创造了中国的"工业 4.0"样本。创美工艺应用了设备数据采集系统、数据集成系统、PCS 监控系统以及数据展示分析系统，实现了生产的全面自动化，并能根据数据的变化进行智能化生产。更进一步，创美工艺将模具的数据展现给客户，客户可以根据自己的要求选择合适的小颗粒度模具，由此实现小批量个性化的柔性制造。这种做法不仅大大缩短了创美工艺对产品的交付时间，还大大降低了成本。例如，"为科研配套的特殊化、小批量冲压模具，别的竞争对手需要一周甚至更长时间才能交付的定制化产品，在创美只需要 48 小时"[66]。

9.1.3 企业应用案例三——三一重工物联网和大数据应用

1. 项目背景

三一重工股份有限公司由三一集团投资创建于 1994 年，是全球装备制造业领先企业之一。公司产品包括混凝土机械、挖掘机械、起重机械、桩工机械、筑路机械、建筑装配式预制结构构件，其中泵车、拖泵、挖掘机、履带起重机、旋挖钻机、路面成套设备等主导产品已成为中国第一品牌，混凝土输送泵车、混凝土输送泵和全液压压路机市场占有率居国内首位，泵车产量居世界首位。[67]

在 2005 年，三一重工就已经将目光投向了物联网领域，并开始了对工程机械物联网核心部件以及相关技术的研究，其自主研发的"ECC 全球企业控制中心"信息系统，率先开启了业内物联网及大数据的应用。

2. 问题分析

三一重工作为中国工程机械行业的领军企业和高端装备制造业的领军企业，在世界上很多国家开展业务，服务于全球市场，需要满足各种用户的各种需求，因此需要通过先进的技术，如工业互联网、大数据等手段实现对工程机械装备的管理和经营。

（1）客户需求。工程机械属于高端装备制造业，产品的性能、可靠性和稳定性往往要求很高，需要及时掌握产品的运行状态，以便更好地服务于客户，提高用户满意度。

（2）企业自身发展的需求。产品的全生命周期包括：设计、生产、销售、售后等多个阶段，之前企业往往关注前几个阶段，企业的经营管理、运营服务无法触及售后服务领域，工业互联网的出现，大大提高了企业对产品全生命周期的管理和运营，从而从更多领域提供服务，产生效益。

3. 解决方案

"工业4.0"、工业互联网、智能制造等所涉及技术的基础均为工业数据，这些关键技术的普遍原理均是利用大数据分析技术，对海量的工业数据的价值进行更为科学有效的挖掘，因此，工业大数据的采集、挖掘、分析、服务将成为未来制造业转型发展的关键。

在工业生产过程中，传感器采集到的数据经常面临数据不纯及数据准确的问题。从智能产品的层面来看，三一重工自主开发的SYMC嵌入式芯片，其部分传感器、遥控装置以及远程程序刷机、远程控制等均由三一重工自己研制，实现了智能产品研发能力。该产品能实现使用过程中的运营数据全部透明，实现海量的数据采集，并开展数据服务，也使得客户在使用产品的过程中能够充分了解各项数据。

由于工程机械制造是典型的离散制造，一个品种可能一年只有几十台的销量，通过建设信息化系统，特别是 MES 系统，并实现信息化系统与自动化系统的集成，实现在 22 个工位的流水线上能够生产 150 个左右的型号的产品，从而实现高度柔性化。智能平台会存储并记录生产加工的过程数据和工艺数据。

建设智能服务平台，以产品全生命周期管理为目标，实现了产品数据的平台化的管理，客户可以查询基于产品的序列号的零部件和关键零部件的编号，全部可以追索到零部件级。同时对销售的产品通过工业互联网进行采集管理，基于工业大数据进行分析和预测，优化设计和管理，驱动产品创新；并进行产品运行状态分析、故障诊断和故障预测，开展产品服务。

4. 应用效果

应用工业互联网采集、传输数据，并进行工业大数据分析，使得三一重工成为智能制造和服务化制造的典范，同时也对企业的转型升级起到了积极的促进作用。企业由传统的制造业向"制造+服务"成功转型。

目前，三一重工已经通过工业互联网接入 20 万台设备，监控并实施动态管理的参数超过 5000 个，并通过采集实际的运行数据优化设计和管理，形成了从点到线到面的应用。

从点的角度出发，驱动三一重工的产品创新和产品研发，同时创立了三一独有的服务模式，使得三一在行业内有了更大的影响力，服务品牌得到广泛认可，对工业互联网的应用起到了重要的作用。

从线的角度出发，基于工业互联网对前端整个产品或设备的实时运行情况的采集和对整个产业链从销售预测到产品设计、生产制造到供应商的协同，对全产业链协同的互动起到了重大的推动作用。

从面的角度出发，基于对全部产品实时隐匿性数据的分析，形成了对整个宏观经济的推测和判断，进而为企业的经营决策提供准确的数据支撑，实现企业生产经营活动的良性发展。

通过采集分布在各地的终端设备中的海量数据信息，三一重工研发的信息系统——"ECC 全球企业控制中心"不但可以监测设备所在位置,还运用大数据分析监测设备运行状态,并对设备故障进行诊断预测,为客户第一时间提供就近派工等诸多服务。

9.2　行业应用案例

9.2.1　横沥模具——打造中国模具制造业云平台

1. 项目背景

模具行业被誉为"制造业之母",国家将模具制造业列为支撑中国制造业发展的一个最基本的基石。横沥镇是"广东省模具制造专业镇"、"中国模具制造名镇",在设计能力和制造技术上都有着领先的地位。横沥镇主要从产业空间、产业、科技、人力、服务、公共服务六个维度构建模具产业生态圈。

经过近年发展,横沥全镇模具企业已由 2011 年的 363 家发展到目前的 1142 家;其中达到规模以上的模具企业,由 2011 年的 13 家发展到现在的 74 家。2013 年以来,横沥镇模具行业产值增速连年保持在 20%以上,2015 年模具总产值达到 103 亿元,正式迈入百亿俱乐部。横沥重点发展汽车模具及零部件、模具装备制造业和模具原材料研发生产,这块业务占据横沥模具产业的 80%。未来 5 年内,模具产值超过将 200 亿元,成为华南地区最具科技创新能力的专业强镇。

近年来,在国家、省、市创新驱动发展战略的指引下,该镇从专业镇主导优势产业出发,打造了政产学研合作的协同创新服务平台,促进产业与科技、金融、人才深度融合,带动传统产业转型升级和高端发展,并探索走出了一条面向传统模具产业集群实施"政产学研用金介"七位一体的协同创新模式,即"横沥模式"。

目前,横沥需要将模具产业发展与智能制造相结合、与互联网相结合,改变原有的线下传统经营模式,转型为线下线上相结合的产业发展模式,并结合双创服务模式,提升横沥模具产业集聚区的竞争力,释放企业转型升级的内生动力,把横沥镇打造成全国模具产业转型升级的示范基地。

2. 问题分析

横沥模具产业正处于企业转型升级的关键时期,面临着一些发展中的问题,例如:品牌知名度不高、营销渠道单一、同质化竞争激烈、水平参差不齐、人工成本急剧增加等发展瓶颈。其主要问题是:

(1)模具产业集群效应初具规模,产业链资源整合需完善优化。

模具主要是冲压和注塑模具。"横沥模式"已经为全世界几乎所有汽车厂商加工零部件模具代工生产。但由于长期以来受"大而全"、"小而全"生产观念影响,许多模具企业尚处于从作坊式和承包方式生产向零件化现代生产方式过渡阶段。因此,横沥模具和其他产业一样亟须产业发展模式与智能制造模式结合,与互联网模式结合,形成有效的线上线下结合的发展模式。

(2)模具定制化业务发展缓慢,研发及自主创新能力薄弱。

大部分模具企业专业化生产水平低,专业化分工不细,资源尚未整合,未形成良好的行业生态圈,这导致产品水平低和工艺水平低等问题。产品质量低主要体现在精度差、型腔表面粗糙;工艺水平低主要体现在研发、加工、制造装备等方面。模具市场需求量巨大,对客户提出个性化的模具需求,诸如加工工艺、型腔数、流程工艺、模仁材质、使用寿命等,还有从设计、模型选择、试模等一系列动作去满足客户需求,从而实现利润最大化。目前,模具生产还是以订单为驱动、来单加工的生产模式,传统的出差上门定制方式滞后于模具市场的发展趋势,同时需求多样化致使分类无法呈现需求方的原意，再加之企业对自身模具制造能力定位模糊等多重因素的影响，导致模具定制行业发展缓慢。

（3）模具产业新理念、新技术应用不足。

企业引入先进技术理念意识较晚，精密加工设备在模具加工设备中的比重比较低，特别是在使用寿命长的大型精密复杂模具技术上，许多先进的模具技术应用还不够广泛，模具产业发展创新能力有待提升。

模具产业的发展需要打破粗放发展的"要素驱动"生产模式，通过智能车间改造，改变现有的生产模式和生产设备，提升企业在产业价值链中的地位。

3. 解决方案

为适应横沥镇模具产业转型升级需要，航天云网通过带动龙头企业上线，打造横沥模具云产业。总体架构如图 9-3 所示。

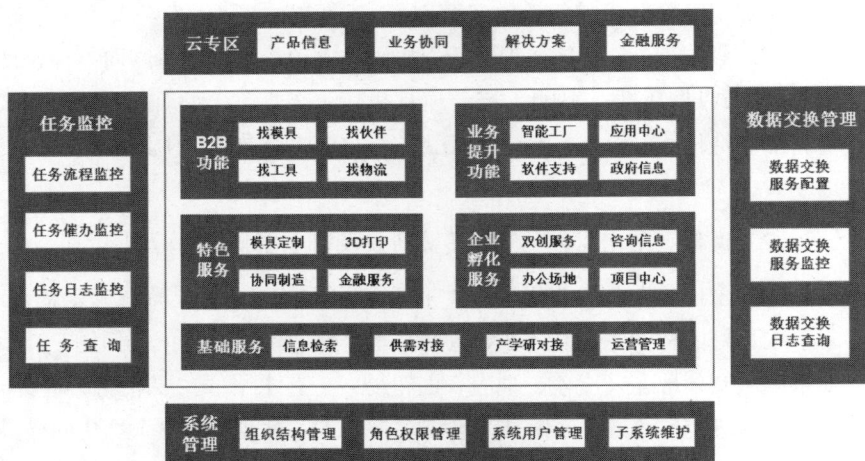

图 9-3　横沥模具云产业架构

横沥模具产业云专区集 B2B 供需对接、在线交易、模具定制、协同生产、产学研对接和双创服务为一体，项目建设具体目标概括为"一个专区，六大功能，N 个特色服务"。

践行"互联网+模具"战略，实行"一对一"解决方案的同时引导企业将营销网络化、管理云端化、效率数字化、企业智能化。推进横沥镇模具产业模式创新，增强产业聚集效应，提升品牌竞争力。

开展横沥模具云制造项目对接与改造，提升模具企业整体资源的使用效率和设计制造协同能力，拓展开发航天云网模具产业云制造服务平台。

具体实施途径包括：

（1）建立供需对接平台，服务产业转型发展，创新企业商业模式。

横沥模具产业云专区平台建立了供需对接板块。此板块主要是供方企业与需方企业实现在线交易的平台，使企业从传统的按照订单生产模式，通过线下对自有技术的细化和定位，发展到线上同步协同发展，将企业实力展示在制造能力大厅，放大和聚焦企业的产业精工之处，提高了企业的营销水平；求购服务则作为高效的实时需求窗口，将企业急需的采购信息快速呈现出来，以求快速达成交易。改变模具产业原有的线下传统经营模式，转型为与互联网的线下线上相结合的产业发展模式。模具企业发布制造能力和求购需求，提升模具产业价值链的资源共享。

（2）开辟模具定制服务平台，改变企业传统生产方式。

模具本身的特殊用途决定了定制化是必然途径，未来模具产业发展方向将向个性化、定制化模式发展。模具定制板块为需方企业提供定制模具的便捷入口，需方企业按模板填写模具生产要求，信息直接提交给具有相应能力的供方企业对接，减少上门下单等行为造成的时间和财务支出。该板块在为用户提供了上传图纸、柔性生产等便捷化服务的同时，也为企业扩展了营销渠道。平台上的 3D 打印技术，为定制化企业提供贯穿于 3D 模具制作及研发、产品设计、验证等全过程、全方位的服务，并随着标准化工具及产品的推广，逐渐孵化一批全面提供 3D 打印技术高质量服务的企业。

（3）构建"政产学研用金介"七位一体的创新服务体系。

云专区构建的以科技、创新服务为主导的服务企业，提供金融、信息以及物流等各类专业性配套服务与高校密切合作，已经成为国民经济的重要基础工业。模具工业发展的关键是模具技术的进步，协同智造服务为企业在生产制造的过程中提供云排产、可视化车间等一条龙软件云服务支持，规范了企业的生产操作，提升了企业的业务操作效率。产学研对接板块作为企业、科研院所和政府之间的桥梁和纽带，"多校共建"打造协同创新中心，实现产业与金融、科技和人才"三融合"，为科研机构与企业良好的互动提供一个平台，发挥高校及科研机构水准，形成科研成果向生产技术的转化。同时平台鼓励和扶持创新创业，提供项目在线路演、专家辅导等方式辅助初创企业走向正常经营，成为小微企业和创新企业创新创业的孵化器，吸引众多高端优势产业聚集，提升模具产业创新能力发展。

横沥云产业专区通过运用互联网软件租用模式，采用以租代买的方式解决了传统模具行业软件高成本经营难题，降低了模具企业信息化改造的成本，同时提高了企业生产管控效率。

（4）探索面向模具行业的智能工厂解决方案。

基于云平台的智能工厂涵盖企业经营业务各个环节，包含研发设计、生产制造、营销服务、物流配送等制造业的全产业链的经营管理活动。结合当前的互联网技术、两化融合技术，智能工厂支持众创、众包（协同设计）、个性化定制、跨企业协同生产、电子商务、协同营销、众修（协同售后）、可视追踪等新兴的制造业模式，对各项业务进行信息集成、数据共享，并逐步形成企业内外部价值链的横向集成环境，最终达成智能管理和智慧决策。

4. 应用效果

横沥模具产业云专区是整合了模具产品全生命周期服务的生产性服

务平台，是"互联网+区域+行业"的典型应用案例，对互联网+大背景下的产业和区域改革的示范效应较为明显，具有较强的可复制性。云专区为企业开辟了一条数字化、信息化的运营模式，通过企业传统生产方式的转变与升级，使企业从大规模生产向大规模定制化生产模式转变，最终目标是为整个模具行业提供综合性解决方案。

天倬模具作为横沥模具产业云专区第一批企业用户，通过平台明显提高了订单量，在模具定制这一特殊生产领域，平台为企业解决了找加工企业难、生产周期受限、业务忙闲不均、订单被层层转包等问题。让企业在使用平台的过程中，不断发挥优势产能，扩展对接渠道，并逐渐适应与合作伙伴基于统一数据的多方在线协同生产。后续，将开展生产线在线视频点播、设备数据智能化采集方面的深入合作研究，有望在模具行业智能化改造方面取得突破。目前，除了为天倬模具扩展客户对接渠道和改进模具定制流程，在智能工厂方面也已经为东莞天倬模具有限公司打造基于真实场景的虚拟云工厂和可视化车间系统。

伴随航天云网的成长，横沥模具产业云专区还将不断丰富功能和应用，推动模具产业的数字化、智能化发展，提高横沥模具在模具行业的地位，带动模具行业整体产业价值链的转变。

9.2.2 南康家具——航天云网助力家具产业升级

1. 项目背景

南康家具产业是江西省重点打造的千亿产业集群之一，也是赣州目前最具特色、规模最大的产业集群。南康家具产业起源于 20 世纪 90 年代，近些年经历了从无到有、从少到多、从弱到强的转变过程，并且带动了周边龙南县、崇义县、赣县、定南县以及赣州经济技术开发区等地家具产业的发展。2001 年以来，南康家具产业经历过一个高速发展壮大时期，产业规模从小到大、加工由粗到精、结构从单一到多元，初步形成集生产加工、销售流通、专业配套、制造基地等为一体的产业集群，产品大量销往三四线城市。目前南康拥有家具生产企业 7000 多家，其中品牌企业 2000 多家。2015 年，南康家具及物流、市场、辅料、电商等配套产值达到 880 亿元。

《赣州市家具产业发展规划（2016—2020 年）》提到，南康要突出家具产业，在推动家具产业转型升级的过程中，加快推进家具产业技术创新，推进定制家具发展，确保 2016 年家具产业集群产值超千亿元规模。但面对日渐激烈的市场竞争，南康家具企业现有的生产方式、制造模式日益成为企业发展的阻力，2015 年家具行业的增长速度也由 2014 年的 55.6% 下降到 25.4%，要确保"规划"目标完成，南康家具行业必须解决产业中存在的突出问题。

2. 问题分析

（1）产业链薄弱环节有待强化，集聚效应尚待增强。

南康的家具产业链条虽较完整，但不同环节仍存在一些问题。首先是缺少设计人才，南康地处四线城市，与广州、深圳等一线城市相比缺乏吸引力，同时，南康地区缺乏设计专业院校以及家具文化底蕴，造成南康专业设计人才比例较低，企业创新能力弱。其次是产业协作配套能力不足，木材、油漆、五金等家具产业的重要配件本地供应商供给严重不足，多是从外地采购，但受区域限制，南康企业缺少购买渠道、比价的途径，导致企业采购成本偏高。此外，南康家具企业品牌意识弱，配套关系较松散，难以形成区域品牌影响力。

（2）缺乏定制化能力，不能迎合市场发展趋势。

近年来，随着以客户为导向的生产方式逐渐成为市场发展主流，个性化定制家具越来越受到客户的追捧。但是，南康家具企业仍然沿用传统的方式，走批量化生产模式，难以适应家具市场的快速变化。南康有家具生产企业 7000 多家，规模以上企业 72 家，尚未有成熟的定制化业务，其原因是以实木家具生产为主的南康家具产业缺少一套成熟的实木家具定制化产业综合服务平台以带动企业转型升级。

（3）生产车间工艺落后，未来市场竞争力弱。

南康家具企业多是以生产实木家具为主，以半机械化和手工为主要生产方式，设备自动化程度不高，生产效率低，产品成本高，企业在市场中的竞争力越来越弱，同时生产数量大多是"拍脑袋、凭经验"决定，从而造成库存积压严重。为了企业的长远发展，实木家具企业必须改进生产设备，用现代的技术观念指导生产。

3. 解决方案

针对南康家具行业存在的问题，航天云网推出的康居网从"线上"、"线下"途径提出了解决方案，以帮助南康家具产业升级。康居网产业架构如图 9-4 所示。

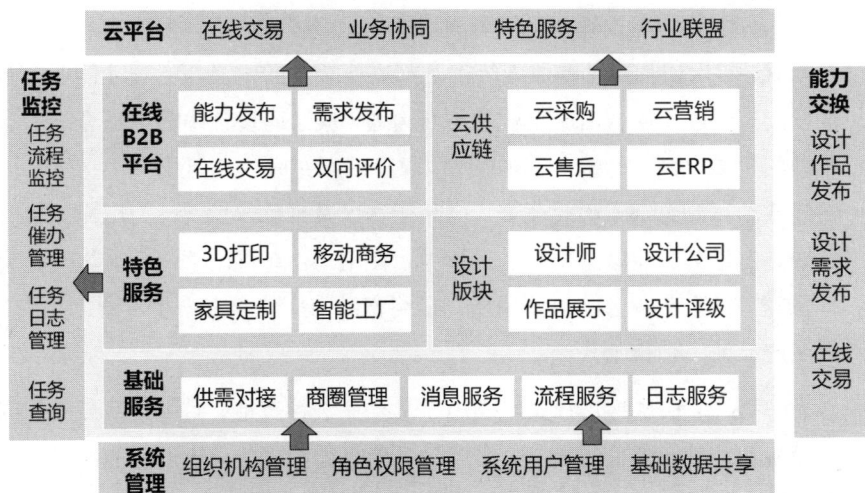

图 9-4　康居网产业架构

通过设计模块和 B2B 交易模块解决产业链短板问题；通过家具定制平台解决定制化能力不足问题；通过智能工厂和 3D 打印解决工厂车间工艺落后问题。具体实施如下：

（1）打造供需产业链，补充产业链短板。针对南康设计资源缺乏的问题，康居网平台建立了设计师联盟。设计师联盟平台主要是设计师与企业实现在线交易的平台，设计师可以在该平台上展示与销售自己的作品；家具企业可以在该平台上购买适合企业生产销售的设计，使企业不出南康就可享受广州、深圳等一线城市的设计资源。B2B 交易商城解决了南康企业购买原料途径单一、企业间信息闭塞的问题。家具企业可以采购全国各地的生产原料，也可以发布自己的需求和能力，实现能力协同、资源共享。

（2）通过家具企业提供家具定制化平台，促进形成南康的实木定制化品牌。"实木定制"不同于一般意义上的"板式定制"，后者从原材料成型、切割、分装到售后安装，已经形成标准化生产模式，而"实木定制"从家具款式、实木切割到粘贴成版等工艺都需要全新的定义与梳理才能适应新的发展。通过前期与南康企业的不断沟通，康居网设计出的更适合于南康本地的定制化系统，将来可协助代理商和工厂完成从上门量尺、方案设计、在线签约再到总部柔性化生产、产品配送以及维修等服务，为用户提供一站式定制服务。在家具生产的过程中，使用户由单纯的"消费者"转变为"产消者"，全流程参与协同制造，最终帮助南康建立南康实木定制品牌，提高产品的附加价值。

（3）采取层层递进模式对当地家具企业进行改造。首先，从最小的嵌入设备和基础元器件等入手，实现设备信息数据采集，让设备能够反映出自己的工作量、工作状态，实现哑设备的改造。其次，通过生产执行系统（云 MES）监控全部生产过程，使整个生产现场完全透明化，实现哑岗位的改造。然后，通过企业资源计划系统 ERP、MRP 系统，实现对企业综合的全面管控，实现哑企业的改造。同时，还采用云销售系统实时了解市场销售信息，使企业能够根据市场销售情况按需制造、按需配送，使整个制造过程实现高度的柔性。此外，航天云网在南康投资建立了3D打印体验服务中心，3D打印替代了家具打样步骤，为设计转化为产品缩短了时间，减少了成本，解决了专业打样师傅稀缺等问题。

4. 应用效果

从2015年到现在，目前已有"自由王国"、"仟亿"、"蓝天木业"、"文华家瑞"、"港之澳"、"潘峰家具"等十几家南康知名企业与康居网建立了合作，这些种子用户将带动产业上下游百余家配套企业与代理商陆续登录平台。

以自由王国为例（江西自由王国家具有限公司）。自由王国从2015年10月开始使用康居网平台，不到半年时间，该平台上就收集了来自配套商和全国代理商的1300多条服务反馈数据，使用康居网上的各类系统不仅能够帮助企业与配套商、代理商第一时间处理消费者反馈的问题，企业还可以将出现的问题作为企业生产改进的依据。下半年将在3D打印、家具定制化、二维码追溯、智能化工厂改造等方面进行更为深入的合作。

2016年5月19日，3D打印体验中心在南康正式开馆，短短几周内，就为南康家具企业打造家具样品100多件，与200余家企业建立了合作关系，大大缩短了家具企业把设计图纸转化为产品的时间，减少了成本，间接地解决了专业打样师傅稀缺等问题。

9.2.3 红狮水泥——用友 NC 支撑移动应用升级

作为工业互联网在行业上的典型应用，红狮水泥的移动应用升级案例非常值得参考和借鉴，此处援引网络资源"红狮水泥移动端经销商管理与分析"[68]供读者分享交流。

1. 项目背景

浙江红狮控股集团有限公司（以下简称红狮集团）是行业内以精细化控制而知名的生产高标号水泥的公司，截至 2014 年，总资产约 232 亿元，员工 12000 余人，销售水泥和商品熟料 6374 万吨，实现销售收入 242 亿元。红狮集团是行业前十强中唯一一家民营水泥企业，拥有浙江、江西、福建、四川、云南、贵州、广西、湖南、新疆和甘肃 10 多个省的 30 多个全资或控股子公司。

红狮集团从 2002 年开始进行信息化建设，到 2010 年已经拥有了 MIS 等数个信息系统。2010 年红狮集团转变信息化思路，以用友 NC 支撑红狮所有信息化平台，红狮在用友 NC 集团管控系统基础上开展了销售计量、原料采购、地磅、物资采购、仓库管理等深入应用。通过一年多的实施与开发，经过两年的努力，红狮集团 30 多个工厂的内部核心 ERP 系统已基本上完成统一的一体化应用。

到了 2012 年，红狮集团提出将 IT 系统需要向外延伸、需要面向客户、让客户更加便捷地与红狮信息互联的需求。

2. 问题分析

作为高能耗行业，水泥产业受政府产能调控政策、能源消耗指标要求、环境保护政策等影响非常大，水泥企业要获得持续的生命力与竞争力，必须通过不断地加强技术投入、设备改造、管理创新等来实现资源节约、经济效益、节能减排的三力并举，实现企业规模扩张。在外部市场环境方面，红狮集团身处国内水泥行业竞争度最饱和的浙江省，竞争压力无处不在。在有限的市场容量下，为经销商提供更好的服务、抓住现有的经销商群体是红狮集团主要的发展方向。因此，让经销商通过 IT 系统更方便、实时地了解自身与红狮集团间的业务往来，成为红狮集团信息化工作的核心。

3. 解决方案

2013 年 11 月红狮集团实现经销商 B2B 平台、移动 APP（苹果、安卓设备）应用系统上线，该系统实现经销商自助下单、自助查询交易账户数据，是链接红狮与经销商的信息纽带。而红狮的区域经理和业务代表则通过移动 APP 将对经销商的拜访记录、经销商诉求、经销商广告信息随时上传回公司总部，让红狮更加贴近经销商。

（1）经销商 B2B 系统。

● 经销商门户：经销商可以通过自己的电脑，连线红狮水泥的 IT 系统，通过在门户上录入自己的账户和密码（红狮水泥分配）实现网上下单，同时还可以在线了解红狮水泥提供的公告信息、产品促销政策、产品定价、商品展示、历史交易查询、订单发货追踪。这是一个仿"淘宝"、"京东"的 B2B 电子商务平台，能够容纳红狮水泥 2000～3000 家的经销商。

● B2B 销售后台：主要由红狮水泥的销售管理人员使用，在这个后台可以编辑水泥商品价格、公司的营销政策（包括水泥分类、水泥产品档案、产品图片和描述信息）等，并将这些信息对外发布到门户中。

● 经销商门户报表中心：系统能为经销商提供发货明细、交款明细及汇总、发票明细及优惠使用情况、承兑奖赔及保证金测点、合同执行情况、质保单查询、在线对账等功能；还能通过定制平台消息推送服务，定时给经销商发送销量、账户余额等定制信息及门户公告内容。

（2）经销商移动商务 APP。

为保证红狮水泥的经销商能够 24 小时全天候下单、随时随地了解和跟踪订单发货情况，红狮水泥开发了经销商移动商务 APP，让经销商通过自己的手机（苹果、安卓）下载安装 APP 后，就可以实现通过手机便捷地下单要货，满足业务管理要求。

● 移动商务系统包括：门户首页、我的订单、购物车、收藏夹。经销商通过移动商务 APP 录入自己的账户、密码（红狮水泥分配），可以查询红狮水泥产品、收藏常用水泥产品、购物车下单，录入水泥提货数量、水泥收货地址（包括派遣司机的车号、司机行驶证）等内容，保存确认提交便下单成功。

● 渠道拜访移动 APP：渠道拜访移动 APP 是为红狮业务代表定制的，可以自助下载，自助安装，支持 iOS、Android 系统的手机。渠道拜访移动 APP 可以将业务代表的拜访工作有序规划，由系统帮助其有效规划工作时间及路线，并将最终的拜访信息实时录入系统，减少工作的烦琐度，提高工作效率。区域经理则可以快速掌握业务代表的宏观工作情况，加强对团队的管控能力。

● 基于 ESB（企业数据总线）的电子销售与核心 ERP 集成：在实施经销商 B2B 和移动管理平台之前，红狮集团已经完成了核心 ERP 系统的实施，为保证新系统与核心 ERP 的数据集成，经过整体评估，采用 ESB（企业数据总线）技术将原有核心 ERP 系统与经销商 B2B 和移动管理平台无缝衔接起来，无须变更实际业务流程，整个下单系统流程依然顺畅快捷。

● 商业数据分析：该系统借助统一的 iUAP 系统平台制作个性化报表满足管理者对企业各类职能（营销、供应、生产、财务等）业务的决策分析、日常统计要求，同时为公司业务运营提供数据支持。系统完全界面的设计，无须进行代码的开发和系统的更新。系统实施阶段对关键用户进行培训，短期内即可完全掌握报表设计、数据加工等。后期完全可以由企业自主完成后续的报表格式调整和数据升迁。

4. 应用效果

通过经销商 B2B 平台和手机移动应用客户端，实现经销商与红狮集团的在线交易协同以及在线自助查询、在线财务对账，缩短响应时效，构建红狮集团与经销商紧密合作关系，提高工作效率，增强用户体验，更好地服务经销商。通过客户关系管理移动 APP 渠道拜访对销售人员进行日常工作维护、拜访计划及路线规划、拜访跟踪及查询等，形成以客户为中心的营销机制。实现了数据源统一，规范业务口基础数据的标准录入，提高数据的准确性，统一了数据源口径；同时实现了信息共享，消除了信息孤岛现象。业务推动财务，财务监控业务，最终实现业务财务一体化，数据高度统一；由业务系统直接生成凭证，实现财务业务一体化。规范业务流程，实现流程、价格、信用等管控；实时了解集团及各子公司的销售经营情况；基于客户价值的管理机制，按客户价值类别制定不同价值客户的营销策略，包括市场策略、销售策略、服务策略等；客户信息按区域、产品、任务、时间等各个维度进行分类。数据准确度提高，领导可以及时一目了然地了解企业运行情况，支撑 iPAD 应用，让水泥企业高管移动办公。

9.3　工业云应用案例

9.3.1　贵州工业云服务平台

1. 项目背景

2014 年 7 月，在贵州省经信委领导下，中国航天科工集团、贵州大学联合完成了贵州工业云的顶层设计，以书面调研、实证研究、电话调研、学习走访、案头调研等形式开展贵州工业云重点企业调研，并基于需求分析，完成了从企业、产业与区域三个层面对贵州工业云的顶层规划与总体设计。

2014 年 11 月，以中国航天科工集团为主体的贵州工业云建设团队初步完成贵州工业云平台建设并上线试运行，初步形成企业级资源服务、产业级协作服务以及区域级配套服务三个层次的工业云服务体系，并同时积极开展工业云首批试点企业的应用实施工作。截至目前，已吸引包括茅台、中航力源、航天电器、奇瑞万达、天义电梯等超 50000 家贵州工业企业登云，示范效果显著。

2. 问题分析

贵州省工业在发展过程中，存在以下几方面的问题：

（1）区域经济产业关联性和配套关系较弱。

贵州省十大产业均已具备相当规模，龙头企业优势地位明显。但对于中小微企业，除自身人财物资源限制之外，缺少为龙头企业配套的商业机会已经成为该类企业的发展瓶颈问题。以酒业为例，贵州本省的地理资源与原材料品质优势催生了大量酿酒原料供应商及生产工坊，然而由于区域和信息等渠道的限制，上述小型供应商及工坊难以获得为省内及全国龙头酒业集团供应的商机，导致产能过剩，供求难以衔接。

（2）产业价值链整合与业务协作效率低、成本高。

贵州十大产业均已形成相对完整的产业链条，然而缺少公共、开放的产业链整合与协作平台，大中小企业之间没有形成充分的专业化与分工协作关系。电力、化工产业等优势传统产业以及装备制造等先进制造业都具备自主研发能力，但对于关键零部件技术研发无法实现跨企业的分工协作，企业间协作研发消耗的沟通、会签等技术协调成本过高；电力、煤炭、建材、铝业以及烟酒行业等龙头企业在全省乃至全国建立了庞大的采购网络，一般龙头企业都有 50 家以上的配套供应商，存在由于地区限制和手段等原因，导致采购过程烦琐、询比价周期长、效率较低等问题。

（3）企业智能化、信息化基础薄弱。

随着两化深度融合，数字化、网络化、智能化制造模式的发展，智能化、信息化对企业能力的提升效应日渐显著，广大贵州工业企业，尤其是中小企业，对服务于设计、生产、试验、售后和管理等全生命周期业务的信息化软硬件资源，如高性能计算/存储、工业软件、企业管理系统乃至智能设备等企业信息化资源服务需求日益迫切。通过调研，我们发现，贵州有 30%企业完全没有任何信息化建设；接近 50%的企业只部署了不超过3 款信息化系统；绝大部分企业已有信息系统都未能互通互联，处于信息孤岛的状态。智能化、信息化手段和工具的缺失，直接制约了企业的管理和发展。

3. 解决方案

工业云通过整合各类工业资源及大数据资源，通过开放式、可扩展的服务平台方式，为政府和全省企业用户提供高效、优质、丰富的工业云服务，形成完备的工业云服务体系。

贵州省工业云服务体系（见表 9-1）大体分为四个层次，包括面向企业、产业与区域的工业云基础服务，以及以大数据为核心的工业云增值服务体系。其中，区域的工业云基础服务涉及智能配套与供求撮合服务和工业/产业监测服务等内容。

表 9-1　贵州省工业云服务体系

层次	服务类型	服务内容
企业云服务	云计算中心	整合北京计算中心等计算中心能力，为企业提供在线云计算服务
	企业网盘	为企业提供数据、文件安全存储备份的网盘
	工业软件超市	集成整合并在线化商品化工业软件应用服务
	在线企业管理系统	为企业提供在线 OA、ERP、CRM 等信息化服务
	在线 3D 打印	提供 3D 打印设备的在线应用
	……	

层次	服务类型	服务内容
产业云服务	研发链协作	为跨企业开展在线协同研发、模型会签等设计协作提供在线系统支持
	供应链协作	提供按需、动态的跨企业供应链管控服务
	生产链协作	支持企业产品委外加工、云排产等在线协作
	营销链协作	提供完备的跨企业营销渠道管控服务
	服务链协作	提供完备的跨企业售前、售中、售后管控服务
	……	
区域云服务	智能配套与供求撮合服务	为省内企业提供智能化的企业供求关系匹配与撮合服务
	工业/产业监测服务	为政府提供实时采集的工业运行数据与统计分析、决策支持
	……	
大数据服务	产业大数据服务	基于公共数据、企业业务数据及政府行业数据，为企业提供精准营销、BI/II 等大数据增值服务
	金融物流配套服务	提供支付、金融信贷、第三方物流等配套服务
	……	

4. 运营模式

贵州工业云平台采用"政府引导+自建+OEM+合作"建设模式：由政府前期投入引导资金；平台抓总单位牵头进行平台建设，其他单位可采取资金投入、平台投入、设备/场地等固定资产租用等方式参与建设；部分服务 OEM 其他厂商；同时与各云服务供应商合作，通过平台为企业提供服务。

工业云为不同企业用户提供高价值的各种类型云服务，并实现市场化运营。贵州工业云主要采用了以下四类推广与服务模式，包括：

（1）商场 MALL 模式。

利用工业云平台为服务提供者和服务消费者（工业企业用户）搭建一个如商场一般自由灵活选择的服务交易场所，其中平台运营方保证工业云平台的开放与整体用户推广，服务提供者则以此为平台向服务消费者提供各类工业云服务。

（2）屈臣氏模式。

除商场 MALL 模式外，由政府主导、聚集了大量企业的工业云平台还能够自营大量的特色服务，如工业云通过统一数据与业务平台将各产业、处于不同产业环节的众多企业作为基础单元进行一体化服务，因此能够在线、动态、按需地构建产业协作链条，为企业提供工业云特有的产业协作服务。同时，工业云能够通过与政务外网的集成获取一般商业平台难以取得的工业运行、政府/企事业单位信息系统的丰富数据，进而为企业提供大量数据增值服务。这些工业云自有的特色服务是工业云自身运营及利润的主要来源。如同化妆品连锁巨头屈臣氏一样，在零售各品牌化妆品的同时，借助自身品牌口碑以及所掌握的产品数据，能够精准定位用户需求，形成优质的自有品牌产品。而这些自有品牌产品带来的利润占"屈臣氏"总利润的 40%。

（3）"以大带小"模式。

"以大带小"模式是屈臣氏自营模式的变种。在打造和运营服务时，它将工业企业的龙头企业也吸纳进来，利用龙头企业来带动其配套企业使用工业云平台，从而也使四方服务一方。此模式特别适用于供应链服务和营销链服务（商务云）。通过联合龙头企业的方式，将龙头企业的订单采购业务和分销业务集中到工业云平台上，以此吸引配套供应商企业使用平台提供的供应链服务为龙头企业供货。

此模式的目标用户为产业链上下游配套企业。其价值体现在:将龙头企业的订单采购业务集中到工业云平台上,解决了配套企业订单分散、采购/分销信息获取不及时、采购/分销系统标准不一等问题。同时,也降低了龙头企业的采购/分销系统运维成本及与配套供应商/经销商的业务联动和管控水平。

(4)社交网络模式。

工业云平台的第三种商业模式是类似于微信、微博等的企业社交网络模式,即工业云平台为龙头企业与中小微配套企业间提供供求撮合与智能配套服务。"供"方在工业云上发布自身企业能力或拥有的产品,"需"方在工业云上发布自身企业的需求,工业云通过大数据的智能匹配与工业监管实现供需双方在安全诚信的前提下完成商务对接。

5. 应用效果

贵州工业云平台根据使用对象和数据安全要求的不同,重点打造三类云服务:

一是"政府的好助手",建立工业云区域级服务体系,以提升政府治理为目标,提供产业市场监测等功能,实现市州、县、工业园区和重点企业的在线数据采集和全省工业运行监测,为政府决策和管理提供支持。

二是"企业的云超市",建立工业云企业级服务体系,将互联网、云计算与企业信息化需求结合,为中小微企业提供财务、采购、销售、仓库等云服务,帮助企业降低成本,快速提升信息化水平;基于数据分析为企业提供产业链服务,具体包括区域产业链配套、中小企业协同创新服务等。

三是"工业的互联网",建立工业云产业级服务体系,将互联网、云计算、物联网等新一代信息技术与现代制造技术结合,提供协同研发链、协同供应链、3D打印、网络制造、众筹众包等智能制造云服务。

围绕上述三类服务,航天云网作为贵州工业云主运营单位,开展了以政府为导向、以市场为牵引的平台推广与应用实施工作，运营工作主要亮点包括：

（1）企业用户突破 5 万家。

目前，"工业云"集聚和培育云服务企业 15 家，提供云服务近 200 个，具备为 10 万家以上企业提供云服务的能力，带动 50000 多家企业使用工业云，引进 2 家企业在贵州注册成立公司。

（2）延伸和拓展产业链。

两化深度融合是我国工业发展的基本思路，是工信部立部之本，智能制造是工业发展的趋势，而工业云汇集智能制造、产业链整合、大数据集成创新，推动小微企业信息化水平跨越发展，为应用大数据、云计算提升政府工业管理服务水平走出了一条新路。中国工程院李伯虎院士特别肯定地说"贵州工业云注重产业链延伸和拓展是全国工业云创新的亮点"。

（3）提升企业的创新水平。

工业云可以实现跨区域、网络化、个性化的大协作、大生产，能为研发人员提供跨空间、协同化的研发和技术方案解决平台，为企业提供跨空间、跨地域、个性化的生产平台，实现产品快速迭代，大幅提升企业的研发效率和经营效益。

一是产业配套服务网。为企业提供跨区域、开放式的社交商圈共享平台，帮助企业发掘商机、拓宽产业渠道，形成区域性、服务型、社会化产业模式。例如，老干妈二维码防伪追溯系统研发商机，2014 年 10 月，老干妈在工业云配套网上发布了"喷涂成本小于 1 分/瓶；添加信息名址费用小于 5000 元/年；二维码激活设备费用小于 3000 元/台"等需求信息，在 10 月底，老干妈就收到了企业反馈信息，在网上进行商务谈判。

二是航天云网协同平台。为企业提供网络化、个性化的大协作、大生产云服务，打造了跨区域的新型云制造模式，实现以订单为驱动的企业制造全生命周期核心业务的集成优化，利用虚拟样机快速设计原型、3D 打印快速生产原型，将非核心设计工作众包给社会化企业和个人。

第一，奇瑞汽车的变速器以及超薄汽缸等精密零部件的研发，通过研发商圈发起研发任务众包，并基于在线 CATIA 资源实现基于互联网的异地研发设计与工艺会签，并借助第三方 3D 打印服务实现难加工的精密部件的快速原型制作，有效缩短研发及原型加工周期近 20%，充分借助互联网利用社会化资源能力辅助企业创新。

第二，中航力源液压的企业云供应链管理，通过工业云的产业链协作服务，有效打通了企业内部实时生产计划与生产物料采购之间的通路，将生产线的实时物料需求自动提取并进入工业云平台，转换成为针对各个供应商的采购计划并自动化下达采购订单，进而驱动供应商按采购订单进行物料生产，在提升生产计划与物料采购的同步效率的同时，帮助企业有效管控了近 2000 家供应商，实现了在云端的采购生产一体化。

（4）催生新型商业模式。

工业云加速了互联网向生产领域的拓展，推动企业生产经营模式的改变。如翰凯斯打造了个性化、全球化、众筹众包等新型研发和生产模式，金万维以软件超市打造了"以租代售"服务中小微企业的典型商业模式。

（5）提供新型的中小企业融资服务。

贵州工业云为中小企业提供了新型的融资和服务模式。"黔贷通"、"乾贷网 P2P"、"上股交贵州办事处"等中小企业云融资服务平台，构建了 O2O、多层次的中小企业融资服务体系，累计帮助 1000 多家中小企业直接或间接融资 15 亿元，帮助 80 余家中小企业走进资本市场。"乾企通"中小企业公共服务平台打造服务全省、面向全国的中小企业服务体系云平台，线上完善平台功能、线下整合服务资源，为中小企业提供"找得到、用得起、有保障"的服务，使中小企业"上得来、用得好、不想走"。

9.3.2　北京工业云服务平台

1. 项目背景

北京工业云服务平台是在推动中小企业信息化和"两化融合"政策实施的指导思想下建立的服务于中小企业的平台，该平台聚集了众多软件行业的资源供企业使用。北京工业云服务平台为完善的工业云环境，以提供MALL 的信息化服务模式为目标，为中小企业，特别是工业企业提供顶端信息化产品服务模式，为软件供应商提供 IT 环境部署和 IT 基础设施建设服务。

2. 建设历程

2010 年，"工业云"服务平台由北京市计算中心开始创建，并明确了高性能计算和云计算技术以及"云"商业模式的落地方向。

2010 年 11 月，北京工业云服务平台通过 ISO 27001 信息安全管理体系认证。

2011 年，北京市"祥云计划"将工业云作为了十大重点示范工程项目之一。

2011 年 5 月，计算中心"云计算关键技术与应用重点实验室"被北京市科学技术委员会认定为北京市重点实验室。

2012 年，弹性计算平台赢在云端上线运行，为整个"工业云"提供IaaS 层支撑，同时面向工业及其他行业用户提供公用化的互联网基础设施服务。

3. 解决方案

北京工业云服务平台主要提供线上和线下两大服务板块。

（1）线上服务。

平台与数码大方和北京计算中心合作，向企业提供产品全生命周期所需要的工具和管理软件的云端应用，并采用以租代购的方式服务企业，软件包括 CAM、CAD、CAE、CAP、PDM 等，还能够为中小企业提供各类商务服务与企业展示。同时，平台还提供了丰富的设计、工艺、制造资源，以及装备和汽车零部件等行业资源。

主要包括以下几个板块内容：

● 产品服务：主要提供 CRM、OA、HRM 软件，以及百会系列办公类工具软件，并提供付费版和免费试用版。目前平台注册会员快速增加，并在众多工业企业得到成功应用。

● 应用商店：提供多种绩效管理、工作管理、财务管理等相关软件及办公系统，分为付费应用和免费应用，目前均为免费应用，付费应用尚未开发。

● 数字化设计（云资源）：提供云设计、云制造、云协同、云资源等多种服务，目前，平台能提供超过 150 种的各类应用软件，零部件资源15000 余种，图纸、手册标准 780 余类，超过 750 部的培训视频。

● 政策信息：展示政策信息与行业动态，提供资质认证、年审年检、立项申报等企业办事服务。每周均有信息更新，其中内容来源于国家、北京市和银行的官方网站。

● 企业空间：依据行业分类展示加盟企业，为注册企业搭建宣传企业形象、展示企业产品、推广企业品牌的服务平台，满足会员企业对外宣传的需求。会员企业可以发布产品信息。

● 商务服务：为中小企业提供相关服务的服务商信息，包括工商注册、年审、税务金融、法律等，如果中小企业需要这些商务需求，可以从服务平台获得商家信息、联系方式。

（2）线下服务。

● 咨询服务。工业企业信息化咨询服务：为了促进两化融合的发展，工业云为制造行业提供工业信息一体化的咨询服务及信息化实施工作。

云建设咨询服务：为工业企业、行业提供云计算平台架构设计及实施咨询、架构设计、方案实施及建成后的运营、管理等。

工程项目咨询服务：依托于计算中心大规模的计算资源、多学科的仿真计算软件以及专业的仿真技术团队，北京市计算中心面向各行业，为企业提供动刚度强度、外流场计算、燃烧换热、流固耦合、结构优化、隔声降噪、冲击跌落、疲劳耐久等工程技术咨询服务。

● 逆向工程与数字化加工。为用户提供三维数字化解决方案服务。大空间三维扫描服务，主要实施于制造业大型设备设计、能源化工建筑设施维护、异形复杂建筑施工等方面；精细化三维扫描用于对外来产品的零部件实物进行测量，并快速形成数字化模型，实施于工业设计、逆向工程等应用。部门服务还提供快速成型技术支持，利用先进的三维输出设备，快速地将设计物化为具有一定功能的原型，或直接制造复杂零件，从而缩短产品的研发周期。

● 培训服务。从企业的实际情况出发，专门成立了培训团队，通过提高技术人员的技能水平推动公司的可持续增长。课程按照 CAD、CAE、CAM、PDM 信息一体化内容为重点，为中小企业提供人才培养、技能提升、熟知信息化发展趋势并紧跟政府发展策略等企业发展急需内容。中心设有咨询培训事业部，不只为中小企业提供培训课程，也为在校学生设计了一套从理论学习到走入职场所需技能培养课程，使学生更快融入职场，提前拥有更多的职场技能经验。

● 生物计算服务。为用户提供生物医学数据处理整体解决方案，可以通过云计算方式开展自助式数据分析，同时也可根据客户的需求，在共同协商的基础上，开发个性化服务。

9.3.3　陕西工业云服务平台

陕西工业云服务平台是依据国家云计算创新服务相关文件精神，落实陕西省"两化融合"和"大数据产业"相关规划的运营级云平台，具有典型特征，在此我们参照《陕西工业云业务白皮书》[69]，将此案例进行分享。

1. 项目背景

陕西省工业云中心是由政府主管部门发起，充分利用社会已有 IT 资源及科教资源，发挥产业优势，汇集企业成熟应用，秉承开放、开源的理念，按照"众筹"和"众创"优化配置资源的新型商业模式，面向经济转型、产业发展、园区服务和企业创新构建的运营级云平台。

陕西工业云平台以打造两个服务能力为核心，一是打造满足用户功能需求的业务服务能力，二是打造满足服务监管要求的可管理、可控制、可评测、可计量的商业服务能力。

2. 陕西工业云平台介绍

陕西工业云提供云资源、云智囊、云应用、高性能计算（HPC）以及工业设计协同平台五个大类的服务。从广义上来说，"一切皆为资源，整合资源提供服务"，在当今时代，工业面临又一次的变革发展契机，企业能否抓住机遇，实现快速发展，提升企业竞争力依赖于企业对用户需求的精准理解以及快速响应，而这两方面取决于企业通过何种手段，快速、便捷地调用所需资源，包装为产品服务，满足用户的需求；达成这样的企业能力，需要具备资源按需调用、按需对接的方式方法，为企业的决策、生产、知识储备提供必要的资源支撑。"云计算、云服务"的资源整合、资源无边界特性是最为匹配要求的资源调用、资源对接方式。

陕西工业云业务的核心理念即"打造最大化挖掘、整合所有支撑现代工业资源的能力"，通过这样的服务能力，陕西工业云为企业用户提供从基础信息化平台、解决方案、专业咨询、按需弹性计算到完整的设计、生产工作流协作的支持，支撑企业完善自身能力、满足用户需求，帮助企业在新经济形势下，创新转型，适应市场及工业发展的新方向。

　　陕西工业云底层基础由计划分布的多个区域计算节点提供，整体云端服务包括 IaaS、PaaS、SaaS 多个层面的资源组件。这些组件统一纳入"云资源"之内，"云资源"连同高性能计算（HPC）、工业协同设计形成陕西工业云基础业务框架，基础业务框架支撑陕西工业云平台的在线业务开展，平台通过业务接口对基础业务框架内的服务组件资源进行管理和控制。在陕西工业云平台之上，通过云平台的业务组合和支撑，连同在线资源业务，"云智囊"、"云应用"同时向服务受众提供服务，"云智囊"主要是由陕西工业云牵头，将工业、信息化、两化融合等领域的专家进行资源集成，为陕西工业云的服务受众提供战略高度的专业咨询，"云应用"依托陕西工业云的云端服务组件集合，为服务受众提供合规、贴近需求的云端解决方案。

　　陕西工业云组建专业的信息安全团队，面向所有区域计算节点、基础业务框架以及云端业务组件集合包括陕西工业云平台，开展全生命周期的安全运维保障工作，为陕西工业云自身及用户业务提供高标准的安全保障。陕西工业云五方面的服务提供将严格遵从国家、行业的规范性要求，这是我们了解用户以及用户认可我们的必由之道，在合规标准的指导下，为用户提供"可用、可管、可控"的综合解决方案，最大限度地贴近用户的需求。

　　陕西工业云设置了高权限的质量控制部门，对全局服务交付进行质量控制，确保我们对用户的需求理解精准，服务交付可信。

235

3. 解决方案

陕西工业云服务平台提供的解决方案和服务包括:

(1)云资源:陕西工业云平台资源包括基础设施资源、业务应用支撑资源、应用服务资源,即传统意义上的 IaaS、PaaS、SaaS 资源;根据总体业务描述中所说,"一切皆为资源",陕西工业云从传统意义的云端资源入手,利用强大而丰富的平台功能,为企业用户、资源提供者搭建一个供需对接的桥梁,为用户提供一个云端资源的聚合门户。陕西工业云的云资源服务是各项云端服务的基础支撑及先决条件。

陕西工业云平台基础设施资源服务依托多个区域计算节点数据中心,提供弹性的计算资源和存储资源,按需满足各企业不断增长的资源需求,通过陕西工业云平台进行组合设计、开通交付、集中管理、业务部署,陕西工业云提供运维团队和运维工具,同用户方协作开展高可靠运行维护。

(2)云智囊:陕西工业云围绕自身的发展方向及业务属性,结合企业用户落实"两化融合",推动企业创新转型的最佳实践,通过平台,为实名认证的企业提供基于企业创新发展、经济转型、两化融合等方面的人工智能咨询任务发布,平台利用聚集的"智慧人才"特长及业务能力标签,为企业快速匹配提供智慧支撑的行业专家智库服务。整个服务过程围绕企业用户发布的任务、质量控制规范、工作进度里程碑由陕西工业云平台、团队来进行自动化结合人工的全面的管控。

(3)云应用:云应用是陕西工业云总体业务的一个重要类型,该服务通过按用户类型、按用户业务、按用户信息化建设情况关联相关云端业务开展情况的数据分析,结合"云智囊"的专家建议,在对合作伙伴产品的严苛测试、选型、口碑评选等一系列"精品服务保障"工作基础之上,针对不同行业的用户提供贴近行业需求、切实能够帮助行业落实具体应用的云端整体解决方案，这种业务通常被称为"行业云"。

目前，陕西工业云配合云端的应用数据分析，结合自身的资源配置情况，为企业用户提供"开发测试云"，针对园区提供"智能园区云"两个"云应用"解决方案汇总。

（4）高性能计算 HPC：陕西工业云提供高性能计算服务，高性能计算平台硬件环境主要有管理节点、计算节点、存储 IO 节点、Infiniband 交换机、高速存储、千兆以太网交换机；软件方面有：类 UNIX 操作系统、并行开发环境、并行文件系统、作业调度管理系统、硬件集群管理系统等，利用高速网络互联构成计算环境，通过并行计算支撑软件和作业调度系统使它们协同工作，平台提供开发接口，通过上传、下载计算模型和平台配备的高性能计算软件，为用户提供高量级、高并发的计算服务。

陕西工业云高性能计算服务方面，主要提供如下服务内容：

● CAD、CAE、CAM 工程计算服务：包括有限元分析（FEA）、计算流体力学（CFD）、多体动力学分析（MBD）和优化分析。静态、动态结构分析；研究线性、非线性问题；分析结构（固体）、流体、电磁等。

● 大数据计算服务：陕西工业云构建 Hadoop 大数据平台（支持离线计算 Hadoop、内存计算 Spark、流计算 Storm）大数据计算服务。

（5）工业协同设计平台。

该平台主要提供如下服务：

● 企业用户的设计任务发布渠道。

● 任务发布方自定义工作流及任务阶段节点。

● 任务发布方的阶段节点联合评审内容分发及评审沟通。

- 任务发布方、任务承接方的同视角设计成果展示。
- 任务承接方的云端设计、建模、渲染以及同业主的沟通。
- 任务承接方的进程管控、评审意见关联任务流程进度控制。

（6）解决方案：提供云计算、大数据、网络与信息安全、两化融合、智慧城市及智慧矿山六个方面的解决方案下载。

第十章

工业互联网展望

工业互联网技术体系不断完善

工业互联网不断推动产业变革

随着边缘计算、区块链、新一代人工智能等新兴科学技术的不断出现与发展，工业互联网技术体系不断完善；同时，基于工业互联网的社会化协同制造、柔性化生产、个性化定制等云制造新模式更加广泛地应用于制造企业，不断延伸制造产业链，重塑制造业生态系统，对传统制造模式带来颠覆性影响，推动全球制造业转型升级发展和产业变革。

10.1   工业互联网技术体系不断完善

工业互联网技术从诞生之初，就是一门交叉科学技术和集成技术，其发展将不断与边缘计算、区块链、新一代人工智能等新兴科学技术相融合，不断完善工业互联网技术体系。

（1）边缘计算技术带动工业现场智能化。

边缘计算和云计算都是处理大数据的计算运行方式，但不同的是，在边缘计算技术中，数据不用全部传到云端，边缘侧也可以处理数据分析的工作，更适合工业现场实时的数据分析和智能化处理，也更加高效且安全。传统制造业，特别是在工业现场向智能化改造升级的过程中，特别需要采用边缘计算技术，建立"云计算+边缘计算"的新型设备连接和数据处理方式，提高工业数据处理效率和信息安全水平，创新制造模式。根据预测，未来将有数以百亿的终端设备互联，超过 50%的数据需要在边缘侧分析、处理和储存，急需边缘计算技术与工业互联网的融合发展。[70]

（2）区块链技术打造更加安全、智能的工业互联网平台。

区块链技术具有去中心化、公私钥数据加密、数据共享公开、数据不可篡改等特性。[71]通过区块链技术改造工业互联网平台，可将公共数据分布存储在各参与体的节点中，避免平台因单一数据中心遭到攻击而造成数据丢失与篡改，提升平台的数据安全。公私钥加密特性一方面使工业互联网中可公开的数据公开透明地共享，另一方面保证商业秘密信息隐私，保障企业数据以及接入智能设备的安全。区块链智能合约技术可以完美地解决工业互联网平台中"人对机"、"机对机"的交互问题，便捷、智能、安全地实现工业互联网平台中各类交易场景。[72]区块链技术已经在银行、金融等领域有了较为成熟的应用，在物联网领域也不断有技术创新出现，未来必将实现与工业互联网平台的对接，提升工业互联网的适用性、安全性及智能性。

（3）新一代人工智能技术深度介入工业互联网。

当前，人工智能技术的发展已经进入了新一代人工智能阶段，其主要特征是数据驱动下深度强化学习的直觉感知、基于网络的群体智能、人机和脑机交互的混合智能和跨媒体推理等。[73]由于智能化是工业互联网后续发展的重点之一，新一代人工智能技术必将与工业互联网深度融合，不断促进工业互联网系统总体技术、平台技术和制造全产业链应用技术（特别是智能设计、智能生产、智能仿真试验、智能服务等技术）的快速发展，增强制造企业竞争力，让全球制造业受益于人工智能的不断发展。

10.2　工业互联网不断推动产业变革

随着工业互联网的逐步深入应用，全球制造业产业链快速延伸，重塑制造业生态系统，推动全球制造业转型升级发展和产业变革。

（1）工业互联网促进制造业价值链的延伸。

随着工业互联网的应用从供应、营销向论证、设计、生产、试验、服务等制造全产业链深度扩散，工业互联网不断促进制造业价值链的延伸与拓展，促进制造业转型升级发展。

利用工业云平台、大数据分析等技术，工业互联网环境下的企业与用户将共同打造智能制造生态系统。一方面，企业将进一步挖掘用户潜在需求，扩展已有产品与服务，拉近制造端和服务端的距离，将传统的产品生产销售模式转变为经济效益更显著的服务化制造模式；另一方面，用户和企业可以在工业云平台上发布和使用各类应用与服务，在知识共享中分享平台经济成果。

（2）工业互联网驱动传统制造模式的升级。

工业互联网为制造企业搭建了开放的生态环境，使企业能够面对市场需求及时组建动态的虚拟组织，快速整合自身资源和社会化优势资源，实现传统制造模式向新型制造模式的升级发展。

工业互联网环境下的社会化协同制造、柔性化生产、个性化定制、服务型制造和智能服务/产品等新型制造模式将会对传统制造模式带来颠覆性影响。传统制造企业通过工业互联网平台释放和聚集各类制造设备和资源/能力，并通过平台实现跨企业的云端协作、协同设计、协同生产和协同服务等制造全产业链智能服务，实现数字化、网络化、智能化制造新模式。

（3）工业互联网推动传统行业的智能化转型。

随着工业互联网技术的高速发展，各类智能工业设备和智能终端将成为工业互联网的终端接入设备，推动工业互联网与各类传统产业的深度融合发展，以智能感知、实时定位、大数据分析、人工智能等技术为基础，不断发掘新的创新行业、服务内容和服务方式，推动传统行业新模式、新手段和新业态的变革发展，创新社会发展模式。

参考文献

[1][9][10]　许正. 工业互联网——互联网+时代的产业转型[M]. 北京:机械工业出版社，2015.

[2]　肖俊芳，李俊，郭娴. 我国工业互联网发展浅析[J]. 保密科学技术，2014(4).

[3]　安晖，安琳. 我国工业互联网的发展路径[J]. 中国工业评论, 2015(6) :54-58.

[4]　汤浩，谢添. 浅谈工业互联网[J]. 才智，2013(3).

[5][11][12]　工业互联网体系架构报告[R]. 北京: 工业互联网产业联盟，2016.

[6]　苏德悦. 互联网与工业融合引发新一轮产业变革[N]. 人民邮电，2014-8-27(4).

[7]　刘贺贺，刘棣斐，刘钊. 工业互联网带来的产业变革[J]. 电信网技术，2016 (8) :27-33.

[8]　王世伟. 社会信息化发展的新趋势与产业变革[J]. 情报资料工作，2013(5).

[13]～[16]　崔晓文. 工业互联网:构筑全球工业新模式[DB/OL]. 搜狐，2015-11-2.

[17]　Xu L D，He W，Li S. Internet of things in industries:A survey[J]. IEEE Transactions on Industrial Informatics，2014，10(4): 2233-2243.

[18]　CHEN Shanzhi，XU Hui，LIU Dake，et al. A vision of IoT: Applications, challenges, and opportunities with China perspective[J]. IEEE Internet of Things Journal，2014，1(4): 349-359.

[19]　王昊哲. 基于节点智能交互的物联网数据处理研究[D]. 大连：大连理工大学，2011.

[20]　包东飞. 计算机网络通讯技术故障分析与处理[J]. 信息系统工程，2010，12:66-67+65.

[21]　文军，张思峰，李涛柱. 移动互联网技术发展现状及趋势综述[J]. 通信技术，2014（9）.

[22]　郎为民，杨德鹏，李虎生. 新型移动互联网关键技术研究[J]. 电信快报，2012，7(10):3-6.

[23]　Bergamo M A. High-throughput distributed spacecraft network: architecture and multiple access technologies[J]. Computer Networks, 2004.

[24]　Michael Armbrust, Armando Fox, Rean Griffith, et al. Above the Clouds: A Berkeley View of Cloud Computing[EB/OL]. http://www.eecs. berkeley.edu/Pubs/TechRpts/2009/EECS-2009-28. pdf. 2009.

[25][27]　张晓华. 浅谈几种常用的信息安全防护技术[J]. 山西电子技术，2011 (1) :94-96.

[26]　李鸿培，李强. 工业互联网的安全研究与实践[J]. 电信网技术，2016 (8) :20-26.

[28]　赛迪智库. 2015 智能制造和工业软件发展白皮书[J]. 数字商业时代，2015(4):18-19.

[29]　李伯虎，张霖，王时龙，等. 云制造——面向服务的网络化制造新模式[J]. 计算机集成制造系统，2010，16(1):1-7.

[30] 李伯虎,张霖,任磊,等. 再论云制造[J]. 计算机集成制造系统,2011,17(3):449-457.

[31] 李伯虎,张霖,任磊,等. 云制造典型特征、关键技术与应用[J]. 计算机集成制造系统,2012,18(7):1345-1356.

[32] Dwivedi S N,Sobolewski M. Concurrent Engineering: An Introduction [J]. Cad/cam Robotics & Factories of the Future, 1991:3-16.

[33] Sohlenius G. Concurrent Engineering[J]. CIRP Annals-Manufacturing Technology,1992,41(2):645-655.

[34] 赵亮,张岩涛,吕翔,等. MBE 技术发展动态及标准体系研究[C]. 中国科协年会,2013.

[35][37] 中国航天科技集团门户网站. 波音 787:全球化战略催生的"系统宠儿"[EB/OL]. http://www.spacechina.com/n25/n144/n206/n220/c223219/content.html, 2012-04-02/2017-05-06.

[36] Brian Fuller. Lessons From Boeing's Dreamliner Supply Chain Missteps [EB/OL]. http://www.ebnonline.com/author.asp?section_id=2981&doc_id=259720, 2012-02-28/2017-05-06.

[38][39] Robinson J. An Overview of NASA'S Integrated Design and Engineering Analysis (IDEA) Environment[C]. Aiaa International Space Planes and Hypersonic Systems and Technologies Conference. 2006.

[40][41] 苏珊. 探访西门子安贝格工厂:最接近工业 4.0 的智能制造是怎样的?[EB/OL]. http://www.yicai.com/news/5009840.html,2016-05-06/2017-05-06.

[42] 白伦. 在喧嚣的网络背后,工业 4.0 五大案例[J]. 互联网周刊,2015(9):64-65.

[43][44]　华为公司门网站. 华为助九江石化打造无线智能工厂[EB/OL]. http://www.huawei.com/minisite/iot/cn/case-jjsh.html，2017-05-06.

[45]　李伯虎，张霖. 云制造[M]. 北京：清华大学出版社, 2015.

[46][47]　Juracz L，Z. Lattmann，T. Levendovszky，et al. VehicleFORGE:A Cloud-Based Infrastructure for Collaborative Model-Based Design[C]. International Workshop on Model-Driven Engineering for High PERF ORMANCE and Cloud Computing Co-Located with，International Conference on Model Driven Engineering Languages and Systems. 2014.

[48]　张曙. 工业 4.0 与智能制造[J]. 机械设计与制造工程, 2014 (8) :1-5.

[49]　Austin. NSF Workshop on "Cyber-Physical Systems" [EB/OL]. Proceedings available online at http://varma.ece.cmu.edu/CPS before 2016.11, 2006-10-16/2006-10-17.

[50]　Lee E. Computing Foundations and Practice for Cyber-Physical Systems: a Preliminary Report，Technical Report UCB/EECS-2007-72 [R]. USA:University of California，2007.

[51]　Springer. Sastry S. S. Networked embedded systems: from sensor webs to cyber-physical systems [R]. Berlin:In: Proceedings of the 10th International Conference on Hybrid Systems: Computation and Control，2007.

[52]　何积丰. Cyber Physical Systems[J]. 中国计算机学会通讯，2010，6(1):25-29.

[53]　Patricia Derler，Edward A. Lee，Alberto Sangiovanni Vincentelli.[J] Modeling Cyber–Physical Systems[J]. Proceedings of the IEEE，2012，100(1):13-28.

[54] 李潭，张京楠. 全国工业云平台调查[DB/OL]. 航天云网内部资料，2016.

[55] Evans P C，Annunziata M. Industrial Internet: Pushing the boundaries of minds and machines[J]. Sci.rep.kanazawa Univ，2012(1-2):1-23.

[56] Preimesberger C. GE Unveils a Ton of new Predix Products for Industrial IoT[J]. Eweek, 2016.

[57][58] 齐丰润. Watson Analytics 等 IBM 工具走进西门子 MindSphere 物联网 OS[EB/OL]. 2017-01-03/2017-05-06.

[59] Holtewert，Philipp，Wutzke，et al. Virtual Fort Knox Federative，secure and cloud-based platform for manufacturing[C].2013:527-532.

[60] 刘晶. 海尔：互联工厂探路工业 4.0[EB/OL]. http://cyyw.cena.com. cn/2015-04/24/content_273093.htm，2015-04-24/2017-05-04.

[61] 陈录城. 海尔：互联网+制造的探路者[J]. 互联网经济，2016(3): 56-59.

[62] 刘宜平. 海尔互联工厂探索[J]. 中国工业评论，2015(7):80-86.

[63] 新华网. 树根互联：中国的工业互联网平台[EB/OL]. http://news. xinhuanet.com/itown/2017-01/11/c_135973894.htm，2017-01-11/2017-05-06.

[64]～[66] 李佳师. 创美工艺：“机进人退”还是“人退机进”？[N]. 中国电子报，2016-06-09.

[67] 尹雪英，梁月明，刘爱军. 三一重工股份有限公司专利分析[N]. 科技创新与应用，2016-10-18.

[68] 红狮水泥移动端经销商管理与分析[EB/OL]. http://www.soft6.com/news/ 201505/06/252121.html.

[69] 陕西工业云业务白皮书. 陕西省内部资料.

[70] 边缘计算产业联盟成立 促进物联网从梦想变现实[EB/OL]. 中国政府网. 2016-11-30. http://www.gov.cn/xinwen/201611/30/content_5140582.htm.

[71] Swan M. Blockchain: Blueprint for a new economy[M]. "O'Reilly Media，Inc."，2015.

[72] Christidis K，Devetsikiotis M. Blockchains and Smart Contracts for the Internet of Things[J]. IEEE Access，2016(4): 2292-2303.

[73] Yunhe Pan. Heading toward Artificial Intelligence 2.0[J]. Engineering，16 December 2016.Engineering 2 (2016) 409-413. Doi: 10.1016/J. ENG. 2016.04.018.

致谢 ➤

书稿终告完成，掩卷思量，感触良多。

工业互联网是近年来备受热议的话题，是《中国制造 2025》和"互联网+"行动计划等国家振兴制造业重大战略实施的重要抓手，对工业领域具有深远的革命性影响，拥有巨大的发展空间。但同时，工业互联网又是一类新的综合性技术，发展迭代速度很快，研究难度较大。在著书过程中，我们始终是在不断学习、不断实践中进行总结和提炼，形成了目前的研究成果，使得本书得以付梓。因此，要感谢所有给予我们启发的学者和实践者。

首先，感谢对工业互联网开展了大量研究工作的各位学者和业界人士，他们的观点为本书提供了佐证，给予我们很大的启发。

其次，本书撰写离不开众多富有特色的鲜活应用实践案例，这些案例有来自航天科工自身的应用实践，也有来自其他研究机构和企业的工业互联网研究与实践。感谢这些案例的研究和实践者，他们的智慧与创新精华为本书的撰写提供了很多思路上的指导。

再次，感谢众多朋友、同事，特别是王恒、储玉光、侯宝存、李潭等，分享了各自的见解，并花费宝贵的时间与精力参与了本书部分内容的编写工作；也感谢航天科工工业互联网研究团队的相关同事帮忙完成了前期的资料搜集整理与后期的书稿校对等工作。

最后，感谢电子工业出版社刘声峰等诸位老师，他们是本书得以付梓的幕后英雄，在封面设计、文字校对、文稿润色、出版安排等方面给予了我们巨大的帮助与启发！

图书在版编目（CIP）数据

工业互联网：技术与实践 / 魏毅寅，柴旭东著. —北京：电子工业出版社，2017.8

ISBN 978-7-121-31697-5

Ⅰ．①工…　Ⅱ．①魏…　②柴…　Ⅲ．①互联网络－应用－工业发展－研究

Ⅳ．①F403-39

中国版本图书馆 CIP 数据核字（2017）第 120602 号

策划编辑：刘声峰

责任编辑：刘声峰　　特约编辑：徐学锋

印　　刷：三河市鑫金马印装有限公司

装　　订：三河市鑫金马印装有限公司

出版发行：电子工业出版社

　　　　　北京市海淀区万寿路 173 信箱　邮编　100036

开　　本：720×1 000　1/16　印张：16.75　字数：216 千字

版　　次：2017 年 8 月第 1 版

印　　次：2017 年 8 月第 1 次印刷

定　　价：55.00 元

凡所购买电子工业出版社图书有缺损问题，请向购买书店调换。若书店售缺，请与本社发行部联系，联系及邮购电话：（010）88254888，88258888。

质量投诉请发邮件至 zlts@phei.com.cn，盗版侵权举报请发邮件至 dbqq@phei.com.cn。

本书咨询联系方式：39852583（QQ）。